快乐阅读系列·岁月卷

站在 历史的枝头微笑

◎总 主 编：向启新
◎本书主编：高 琴

花山文艺出版社

图书在版编目(CIP)数据

站在历史的枝头微笑：岁月卷 / 高琴主编. – 石家庄：花山文艺出版社，2004.12(2021.5 重印)
("读·品·悟"快乐阅读系列 / 向启新主编)
ISBN 978-7-80673-549-7

Ⅰ.①站... Ⅱ.①高... Ⅲ.①语文课—课外读物
Ⅳ.①G634.303

中国版本图书馆 CIP 数据核字(2004)第 111962 号

丛 书 名：快乐阅读系列
总 主 编：向启新
书 名：**站在历史的枝头微笑(岁月卷)**
主 编：高 琴

策 划：张采鑫
责任编辑：于怀新
特约编辑：李文生
责任校对：李 鸥
全案设计：北京九洲鼎图书有限公司
出版发行：花山文艺出版社(邮政编码：050061)
　　　　　(河北省石家庄市友谊北大街 330 号)
销售热线：0311-88643221
传 真：0311-88643234
印 刷：永清县晔盛亚胶印有限公司
经 销：新华书店
开 本：710×1000 1/16
印 张：10
字 数：180 千字
版 次：2004 年 12 月第 1 版
　　　　2021 年 5 月第 4 次印刷
书 号：ISBN 978-7-80673-549-7
定 价：36.00 元

岁

月卷

学海点悟

记得有人说过，"心灵的皱纹永远比脸上的多"。我想：心灵的皱纹同样要比脸上的深，这就是由岁月赠给人的无情的礼物。当然，它可以用华美的化妆品去掩盖，其实，又何须去掩盖和装扮呢？因为它比任何华美的掩饰更富内涵与魅力。岁月就是这样，留给你我一个沉重难译的人生之谜，在岁月面前，你拥有的越来越少，可又将越来越多。

本卷分为"母亲的纯净水"、"扭曲的人性"、"曾经的真实"、"难忘的精彩"、"干菜·小提琴·红玫瑰"等五个主题。选文内容十分丰富，涉及范围极广，有表现真、善、美的，也有表现假、恶、丑的；有激情飞扬的青春，也有对逝去岁月的追忆；有真实的历史人物，也有真实的历史事件。

一本浅薄的书，往往只要翻几页就可察知它的浅薄；一本深刻的书，却多半要在仔细读完之后才能完全体会它的深刻。一个平庸的人往往只要说几句话就能断定他的平庸；一个不凡的人，却多半要在长期观察了解以后才能确信他的不凡。我们凭直觉可以避开最差的东西，然而只有实践才能得到最好的东西。劳动、上学等就是这样一种经历。

在"母亲的纯净水"中,母亲的纯净水是世界上最纯净、最好喝的。《难忘初三时》作者回忆初三的紧张生活,虽然面对学习的压力,日子过得恍恍惚惚,昏天黑地,但没有一味地哀伤,叹气,而是在紧张中求轻松,流露出作者对生活的热爱。

"扭曲的人性"里揭露出历史岁月中人性的泯灭,对历史中的血腥进行无情的再现和鞭挞。让人永远记住人类历史上的残酷,以史为诚,共建美好世界。《南京大屠杀》中日军在南京灭绝人性的杀人竞赛,让国人永远记住这个耻辱,正如作者所说:"我无需更多的议论,我只希望像我一样年轻的战友、年轻的同胞,记住这惨绝人寰的灾难,记住这中华民族的奇耻大辱,它会让我们更加明确今后的路怎么走。"

秦桧杀害岳飞的故事,在中国的土地上几乎家喻户晓,但真的是秦桧害了岳飞吗?在"曾经的真实"篇中林非《是秦桧害了岳飞吗?》犀利地指出,赵构才是真正的罪魁祸首,是赵构的罪恶用心、君皇神圣的奴性崇拜让岳飞被害。并由历史联系到现实,指出提高现代文明的素质至关重要。只有人的素质提高了,认识水平提高了,才会清晰地认识事件的本质。《贬官滕子京》中的滕子京是封建士大夫,他有远大的抱负、高尚的情怀,因重修岳阳楼而名垂青史,因重修书求记范仲淹,他与范仲淹一样具有"先天下之忧而忧,后天下之乐而乐"的高尚情怀,是非常珍贵、警示后人的历史真实。

走进新世纪,中华民族出现了许多令人激动的时刻,历史将永远记住定格在这一瞬间。我们不会忘记:2001年北京成功申办奥运,中国足球梦圆世界杯,中国加入世贸组织,南水北调工程改写中华民族水利史,几代中国人的美好夙愿,终于成为现实。

当现代人嚼着口香糖、穿着溜冰鞋、跳着街舞时,感受到的绝对是阳光灿烂的日子,而不是岁月的辛酸与沧桑,在"干菜•小提琴•红玫瑰"篇中,《干菜岁月》让人忆起艰难的吃干菜的日子,《小提琴的力量》中一位病危的女孩,用爱的博大与宽容唤醒了迷途少年"我"的心,而"我"又用同样方式使另一位相同经历的少年拥有笑对生活的勇气和重启风帆的力量。

读完本书,你会从这平静的语言中体会到岁月的内涵,它会教人明白应该去创造具有分量的岁月,不能让它轻轻飘飘恍恍惚惚飞过,更不要让它哭哭泣泣悲悲切切溜走。

目 录

一、母亲的纯净水

站在历史的枝头微笑

作文链接

二、扭曲的人性

作文链接

三、曾经的真实

作文链接

四、难忘的精彩

作文链接

五、干菜·小提琴·红玫瑰

作文链接

母

亲的纯净水

岁月卷

心要是穷了，就真穷了

没有比母亲凉白开味道更好的纯净水

岁月的歌声是一把破壁的利刃

穿透激情涌动的热血生命

岁月的歌声是一曲醉梦的心潮

在盈盈注视的浩渺天地间轻轻旋舞

岁月的歌声是一款深情的爱恋

悄无声息舞弄刻骨铭心的思念

生命　有了岁月的舒展

就有了喟然叹息的遗憾

岁月　有了目光的展望

就有了日复一日的追赶

母亲的纯净水

我记得她/ ··· 佚 名

二十五年了。

如同二十五年前,我叩响了她的房门,我是她的学生;而今我带着我的学生来到这所中学实习。我的学生肃立在我身后,我肃立在她门前。

76岁的她,苍颜白发,眯眼打量着来客。我含笑摘下呢帽;我的学生也满怀敬意:"靳老师!"

她当然认不得我的学生——她的"徒孙";也似乎认不得我了。

啊,老师,我要唤醒你的记忆。

……

"不多久,松柏林早在船后了,船行也并不慢,但周围的黑暗只是浓,可知已经到了深夜。……这一次船头的激水声更其响亮了,那航船,就像一条大白鱼背着一群孩子在浪花里蹿……"

如歌的行板,悦耳的清音,发自你的内心——那旋律,构成一个美好的梦。这梦,并未远逝,至今缭绕在我心潮的上空。现在,我常给学生讲:优美的朗读,能拓展含羞不语的文学所蕴藏的意境。而当时的我,只有惊异:我怎么会听见童话中小天使那银铃般的歌声?

"孩子们,想想,小朋友们看戏后划船回家,那船头的激水声为什么更其响亮了呢?"

"因为夜深了……"

"不,是因为他们肚子饿,想急着回家,就划得快些……"

对同学们的回答,我不以为然,举起了小手。我在家乡的小河中长大的。

"那是因为逆……逆水行……行舟。"

而课文中并没有写明顺水逆水的问题。也许没有必要写。也许静静的河汊,无所谓顺水逆水……总之,我的回答是她始料未及的。

她笑了,一如当时的笑容。

"有很多聪明的孩子……"她说,显然记不得我是其中的一个了。

站
在
历
史
的
枝
头
微
笑

……

那么,老师,你总记得困难时期吧?你带着我这个年纪最小的寄宿生到这里来,点燃小炉,一点儿盐,一点儿油,熬了一锅粥,叫我吃……滚烫的、醇香的粥,跟妈妈做的一样;你的叹息,也像妈妈爱怜的目光一样:

"孩子,你太瘦了……"

她再一次笑了,没有了叹息:"熬粥的日子,不少……"

她依然记不得我。

我和我的学生告别了她,走在乡间的小路上。

我的学生不无惆怅:"怎么会记不得你呢,老师?"

"我记得她。"我说。

与你共品
yu ni gong pin

在老师心里,有学生无数;但在学生心里,老师却总是惟一……

个性独悟
ge xing du wu

★试描述一下"我"二十五年后"叩响她的房门"时的心情。

★从文中可知,"我"的老师是任教什么学科的?文中所述课文片断出自哪篇课文?试评述"我"当年的回答。

★从哪些地方看出老师已不记得"我"了?

★"我记得她"这句话应该重读的是哪个字?为什么?从文中情节可以看出"她"是个怎样的老师?

★全文在叙述方式上有何特色?我们在写作中可以借鉴哪些?

一碗面 / · · · 佚 名

毕业以后,我就去广州的一家合资公司报到。在南下的火车上,身上的钱不慎被小偷扒走。刚出校门,我就陷入了尴尬的境地。

我只好在一个中转站下车,住进一家最便宜的旅馆,用仅剩的 10 块钱给家里发了封最加急的求助电报。我饿得头昏眼花,连走回旅馆的力气都没有了。之后,我把自己关在黑暗的房间里,用被子罩住身体,再也起不来了。想起人生的无常和孤身一人流落异乡,禁不住愁肠百结,忧郁万分。傍晚的时候,服务员领着三位旅人进来,其中一个高个子大汉住在我对面。这些年,出门在外的人相互多了防范,四人同居一室都不言语,默默地把包当做枕头,和衣上床睡下了。两天多水米滴粒未进,我已经饥肠辘辘,难受得翻来覆去无法入睡。对面的大汉也没睡,倚在被子上,一支接一支抽烟,火光映出他清瘦的脸。偏偏我那不争气的肚子这时"咕咕"嚷起来,一阵比一阵叫得响,引得大个子的目光不停地往我身上"瞄"。

一夜无事,早上旅人们爬起床摸摸各自的衣兜和提包,相继往外走。大个子走到门口时脚停住了,他好像看透了我的落魄,轻声叹口气:"一块儿去吃饭吧!"那声音,居然是乡音,我不由自主随他下了楼。在路边的小饭摊儿上,大个子笑着对老板娘说:"要两碗面,多加些汤水。"面很快端上来,我早已饥不择食,把道谢和学生的斯文统统抛到脑后,捧起碗狼吞虎咽猛地往嘴里扒。一会儿,一大碗面见了底儿。大个子没动饭筷,静静地看着我,又轻轻把面前的碗推给我。我告诉他路上的遭遇,他沉默了一会儿说:"我知道你现在的处境。五年前我和你一样,为了'取经'办市场,拉厂家合作,我来这个城市拣价钱最低的饭店,吃从家里带来的煎饼卷。这个城市充满了希望和竞争,我想挤进来,每次都被人拒之门外。身上只剩下 10 块钱了,我就睡在大桥下,一天只吃一顿饭,渴了找自来水喝。我整天在人家公司门口等,见人出来就上前'磨'机会。我饿得头晕眼花,几乎撑不住了,我多想进饭店饱饱吃一顿呀!可是我身上钱很少,招商的事还没有眉目,我还要挨下去。最后感动了这家公司的老板,他答应见我一次。我摸出沾着体温的最后一点钱,用它在路边的饭摊儿买了一碗面,撑起瘪瘪的肚子,很精神地站在人家面前。我用一碗面,叩开了我们公司发展的机遇。"

他摸出 10 块钱递给我:"你现在只用它吃面,记住,无论到什么时候,无论在什么地方,你都要把自己当成只能吃一碗面。"

他告诉我,他是山东华苑集团公司的董事长。我险些惊掉手中的筷子,堂堂的董事长兼老总也住 10 块钱的旅馆,吃这么简便的面,他可是个腰缠万贯的"款"呀!他身边连个伴儿都没有。大个子笑了:"几年了,我来这里办事,习惯了住这家旅馆,吃一碗面,感受前几年创业的滋味。"

他的故事讲完,拍拍我的肩膀,头也不回地走远了。

我久久沉默不语,端起饭碗,一口气将碗里的面汤喝个精光。这是我平生吃得最香的一碗面,是我生命中最丰盛的"八宝饭"呀!

我会永远记住生命中的这一碗面,记住无论在什么时候,到什么地方,我只能吃一碗面。

与你共品
yu ni gong pin

身无分文的"我"在异地他乡遇到了一位腰缠万贯的同乡大款。作为公司董事长的他请"我"吃的一碗面,竟成为我生命中最丰盛的"八宝饭"。让"我"记住:无论到什么时候,无论在什么地方,都要把自己当成只能吃一碗面,因为这"一碗面"里包含着激励、智慧、关爱……

个性独悟
ge xing du wu

★文章开头写"我"初到广州时的落魄，对全文来说有何作用？

★"大个子"资助"我"10块钱，这一举动有何深意？

★"我"为什么会认为"这是我平生吃得最香的一碗面，是我生命中最丰盛的'八宝饭'呀"？

★文中"大个子"是个怎样的人？

快乐阅读
kuai le yue du

最后一课 /···郑振铎

口头上慷慨激昂的人，未见得便是杀身成仁的志士。无数的勇士，前仆后继的倒下去，默默无言。

好几个汉奸，都曾经做过抗日会的主席；首先变节的一个国文教师，却是好使酒骂座，掼出什么"富贵不能淫，威武不能屈"一类题目的东西；说是要在枪林弹雨里上课，绝对的"宁为玉碎，不为瓦全"的一个校长，却是第一个屈膝于敌伪的教育界之蟊贼。

然而默默无言的人们，却坚定的做着最后的打算，抛下了一切，千山万水的，千辛万苦的开始长征，绝不做什么为国家保存财产、文献一类的借口的话。

上海国军撤退后，头一批出来做汉奸的都是些无赖之徒，或悫不畏死的东西。其后，却有"我不入地狱谁入地狱"的维持地方的人物出来了。再其后，却有以"救民"为幌子，而喊着同文同种的合作者出来。到了珍珠港的袭击以后，自有一批最傻的傻子们相信着日本政策的改变，在做着"东亚人的东亚"的白日梦，吃尽了"独苦"，反以为"同甘"，被人家拖着"共死"，却糊涂到要挣扎着"同生"。其实，这一类的东西也不太多。自命为聪明的人物，是一贯的利用时机，做着升官发财的计划。其或早或迟的蜕变,乃是作恶的勇气够不够,或替自己打算得周到不周到的问题。

默默无言的坚定的人们,所想的只是如何抗敌救国的问题,压根儿不曾梦想到"环境"的如何变更,或敌人对华政策的如何变动、改革。

所以他们也有一贯的计划,在最艰苦的情形之下奋斗着,绝对地不做"苟全"之梦;该牺牲的时机一到,便毫不踌躇的踏上应走的大道,义无反顾。

12 月 8 号是一块试金石。

这一天的清晨,天色还不曾大亮,我在睡梦里被电话的铃声惊醒。

"听到了炮声和机关枪声没有?"C 在电话里说。

"没有听见。发生了什么事?"

"听说日本人占领租界,把英国兵缴了械,黄浦江上的一只英国炮舰被轰沉,一只美国炮舰投降了。"

接连的又来了几个电话,有的是报馆里的朋友打来的。事实渐渐的明白。

英国军舰被轰沉,官兵们凫水上岸,却遇到了岸上的机关枪的扫射,纷纷的死在水里。

日本兵依照着预定的计划,开始从虹口或郊外开进租界。

被认为孤岛的最后一块弹丸地,终于也沦陷于敌手。

我匆匆的跑到了康脑脱路的暨大。

校长和许多重要的负责者们都已经到了。立刻举行了一次会议,简短而悲壮的,立刻议决了:

"看到一个日本兵或一面日本旗经过校门时,立刻停课,将这大学关闭结束。"

太阳光很红亮的晒着,街上依然的熙来攘往,没有一点异样。

我们依旧的摇铃上课。

我授课的地方,在楼下临街的一个课室,站在讲台上可以望得见街。

学生们不到的人很少。

"今天的事",我说道,"你们都已经知道了罢,"学生们都点点头。"我们已经议决,一看到一个日本兵或一面日本旗经过校门,立刻便停课,并且立即的将学校关闭结束。"

学生们的脸上都显现着坚毅的神色,坐得挺直的,但没有一句话。

"但是我这一门功课还要照常的讲下去,一分一秒钟也不停顿,直到看见了一个日本兵或一面日本旗为止。"

我不荒废一秒钟的工夫,开始照常的讲下去。学生们照常的笔记着,默默无声的。

这一课似乎讲得格外的亲切,格外的清朗,语音里自己觉得有点异样;似带着坚毅的决心,最后的沉着;像殉难者的最后的晚餐,像冲锋前的士兵们上了刺刀,"引满待发"。

然而镇定、安详,没有一丝的紧张的神色。该来的事变,一定会来的。一切都已准备好。

谁都明白这"最后一课"的意义。我愿意讲得愈多愈好;学生们愿意笔记得愈多愈好。

讲下去,讲下去,讲下去。恨不得把所有的应该讲授的东西,统统在这一课里讲完了它;学生们也沙沙的不停的在抄记着。心无旁用,笔不停挥。

别的十几个课室里也都是这样的情形。

对于要"辞别"的,要"离开"的东西,觉得格外的留恋。黑板显得格外的光亮,粉笔是分外的白而柔软适用,小小的课桌,觉得十分的可爱;学生们靠在课椅的扶手上,抚摩着,也觉得十分的难分难舍。那晨夕与共的椅子,曾经在扶手上面用钢笔、铅笔或铅笔刀,有意识或无意识的涂写着,刻划着许多字或句的,如何舍得一旦离别了呢!

街上依然的平滑光鲜,小贩们不时的走过,太阳光很有精神的晒着。

我的表在衣袋里滴滴嗒嗒的走着,那声音仿佛听得见。

没有伤感,没有悲哀,只有坚定的决心,沉毅异常的在等待着;等待着最后一刻的到来。

远远的有沉重的车轮辗地的声音可听到。

几分钟后,有几辆满载着日本兵的军用车,经过校门口,由东向西,徐徐的走过,当头一面旭日旗,血红的一个圆圈,在迎风飘荡着。

时间是上午 10 时 30 分。

我一眼看见了这些车子走过去,立刻挺直了身体,做着立正的姿势,沉毅的合上了书本,以坚决的口气宣布道:

"现在下课!"

学生们一致的立了起来,默默的不说一句话;有几个女生似在低低的啜泣着。

没有一个学生有什么要问的,没有迟疑、没有踌躇、没有彷徨、没有顾虑。个个都已决定了应该怎么办,应该向哪一个方向走去。

赤热的心,像钢铁铸成似的坚固,像走着鹅步的仪仗队似的一致。

从来没有那么无纷纭的一致的坚决过,从校长到工役。

这样的,光荣的国立暨南大学在上海暂时结束了她的生命,默默的在忙着迁校的工作。

那些喧哗的慷慨激昂的东西们,却在忙碌的打算着怎样维持他们的学校,借口于学生们的学业、校产的保全与教职员们的生活问题。

与你共品
yu ni gong pin

这篇文章把我们拉回到中国历史最苦难的一页。日本兵占领了上海,并最后进入了上海的租界。坐落在上海租界的暨南大学,在知道日本兵就要开临学校的那一天,师生们在做出停课迁校的决定后,坚定沉着地上完了最后一课,表现了一群决不做亡国奴的中国人的血性。

个性独悟
ge xing du wu

★通读全文后,思考第一段中的两句话对结构全文有什么样的作用?

★结合文章前面的叙述,说说为什么暨南大学的负责人做出"看到一个日本兵或一面日本旗经过校门时,立刻停课,将这大学关闭结束"的决定?

★面对上海的沦陷,暨大的师生们为什么表现了"坚毅"和"沉着"?

云襟胸怀 / ··· [美] 贾莱斯·凯瑟·莱斯特

"我从来就不恨北方佬,最可恨也最让人诅咒的就是那场战争……"

贝蒂完全有理由憎恨内战——南北战争。她的兄弟中有一位在葛底斯堡战场战死,另一位当了俘虏。随后,她年轻的丈夫詹姆斯——南部联邦的一名军官——也被俘虏,关到了某地的一所不为人知的战俘营里。

9月下旬的一个热天,贝蒂家从前的奴隶迪克·朗纳来到贝蒂家,告诉她一件奇怪的事。他在查看离范·米特家半英里处的一家农舍时,原以为那是一所空房子,但他却听到屋里有人的低声呻吟。他随着呻吟声来到阁楼上,发现那里有一名受伤的联邦政府士兵,在他的身边还放着一支步枪。

贝蒂第一次看到那个身穿污泥斑斑的蓝军服、长着胡子的人时,她总是说:"我简直就像是步入了一场噩梦之中:令人作呕的可怕的绷带,吓人的血腥气味。那就是战争的真实写照:没有军号,没有战旗,只有痛苦和污秽,无可救药与死亡。"

在贝蒂看来,这个伤兵不是敌人,而是一个受苦受难和需要帮助的同胞。她喂他水喝,并设法洗干净了他那可怕的伤口。

贝蒂在阁楼上发现伤兵的证件,她从这些证件中得知,他是弗蒙特州第11志愿军D连的中尉亨利·比德尔,现年30岁。她很清楚应该把这位联邦政府军官的情况向南方联邦的军队报告。但是,她也明白自己不会那么做。她是这样向我解释的:"我一直在想,他是不是在什么地方有一位妻子等着他,盼着他,可又毫无音信——就像我这样。对我来说,惟一重要的也是要做的事情,就是让她的丈夫重新回到她的身边。"

　　由于贝蒂的精心护理和照料,重新点燃了亨利·比德尔身上奄奄一息的生命火花。要说药品,她几乎一无所有,而且她又不愿从南方联邦医院里少得可怜的医院用品中去拿。但她还是尽其所有做了最大的努力。

　　当比德尔的体力有所恢复时,他给贝蒂讲起他在弗蒙特州韦斯·菲尔德的妻子和儿女。当贝蒂讲起她的两个兄弟和丈夫詹姆斯的情况时,比德尔也仔细地倾听着。"我知道你的妻子一定在为你祈祷,就像我为詹姆斯祈祷一样。真奇怪,我觉得我和你妻子之间的感情是多么接近。"

　　在山谷地带,10月的夜晚变得越来越冷。骤降的气温加剧了比德尔伤口的感染。在一个黑夜里,贝蒂果断地将比德尔搬到她自家暖烘烘的厨房上面的一个秘密阁楼上。

　　但在第二天,比德尔发起高烧来。贝蒂明白她必须求人帮助,否则他就会死去,所以她就去找她的私人医生、多年朋友——格雷厄姆·奥斯本。

　　奥斯本医生仔细地为比德尔做了检查,然后摇摇头说:"几乎没什么希望了,除非能弄得到合适的药品。"

　　"那好,"贝蒂说,"我到哈珀斯渡口的北方军队那儿去弄。"

　　医生惊讶地看着她说:"你简直是疯了!联邦政府军的司令部在20英里之外。即使你去了,他们也决不会相信你的话。"

　　"我要带上证据,"贝蒂说着,从阁楼上取下一份血迹斑斑的、上面盖有战时统帅部官方大印的证件,"这是他最后一次晋升的记录,我让他们看看这个,他们就一定会相信的。"

　　她叫医生列出了所需药品的清单。第二天清早,她就揣着清单启程赶路了。

　　她赶着马车走了5个小时,马要休息时她才停下来。当她终于赶到哈珀斯渡口并找到联邦军司令官时,太阳都快落山了。

　　约翰·D·史蒂文生将军听了她的叙述,仍不相信她的话。他说:"我们已经接到比德尔阵亡的消息。"

　　"他还活着,"贝蒂坚持说,"但是如果他得不到清单上的这些药品,他就活不了多久了。"

　　"好吧,"将军最后说,"我不想为了搞清这件事,而拿一个巡逻队的生命去冒险。"他转向一个下级军官说,"你负责让范·米特太太得到这些药品。"他并不怎么理会贝蒂的感谢,却说道,"不管你讲的是真是假,你都是一位勇敢的女性。"

　　有了贝蒂带回贝利维尔的药品,奥斯本医生将比德尔从垂危中拯救出来。

10天以后,比德尔就能拄着贝蒂为他制作的拐杖一瘸一拐地走路了。

"我不能再这样连累你了,"比德尔对贝蒂说,"我现在身体状况已经够棒了,可以走了。我想尽早回去。"

于是他们做了安排。由贝蒂的邻居和朋友萨姆先生用他的运货马车送比德尔回驻守在哈珀斯渡口的联邦政府军司令部。

他们将贝蒂的马和萨姆先生的骡一起套上车。比德尔躺在一个装满干草的旧木箱里,他的步枪和拐杖就在身边。

那是一个迟缓和漫长的旅程,差一点功败垂成。在离联邦政府军防线仅有一小时的路程时,突然出现了两个骑马的人。一个人举着手枪,开口逼着要钱;另一个把萨姆先生从车上拉下来。贝蒂吓呆了,坐着一动也不敢动。就在这时,一声枪响,举手枪的歹徒应声倒地,一命呜呼。又一声枪响,另一个歹徒也倒地身亡。

是比德尔开的枪!贝蒂看着他放下步枪,掸掸头发里的干草。

"上车吧,萨姆先生,"他说道,"我们继续赶路吧!"

在哈珀斯渡口,联邦士兵们惊奇地盯着这位老农和这位年轻的女子看。当瘸了一条腿的比德尔从装着干草的木箱里站起来时,他们更是惊愕不已了。

比德尔被送往华盛顿。在那里,他把自己的经历向战时陆军部长埃德温·M·斯坦顿作了汇报。斯坦顿给贝蒂写了一封感谢信,并签署了一项命令,要求把詹姆斯·范·米特从战俘营中释放出来。但首先必须找到詹姆斯。经过安排,由比德尔陪同贝蒂,查找贝蒂的丈夫。

有关文件记载,有个叫做詹姆斯·范·米特的曾经被送到俄亥俄州的一个战俘营。可是,当那些衣衫褴褛的俘虏们被带到贝蒂面前时,詹姆斯却不在其中。接着又查了几个战俘营,结果也是一无所获。贝蒂担心自己的丈夫已经阵亡了,但她还是拼命地控制住这种令人战栗不已的恐惧感。

后来,在特拉华堡,在靠近一排战俘的末尾处,一个高个子的士兵从队伍中走出来,蹒跚着扑向贝蒂的怀里。贝蒂拥抱着他,泪流满面。

亨利·比德尔拄着拐杖站在一旁,此时,只见他正悄然垂泪……

站在历史的枝头微笑

与你共品
yu ni gong pin

　　这是一篇写美国南北战争期间南方妇女救北方伤员的故事。文章清新隽永，人物栩栩如生，是一篇人性、人道主义的颂歌，人们在当时或许做不到贝蒂的超常之举，或许也不理解贝蒂的"你我不分"，但是当战争的硝烟散尽时，人们回过头来审视这场战场的拼杀，都会感谢贝蒂的。这种美德，这种襟怀，就如同无数个中国老百姓当年收养日本侵略者的遗孤一样。但与本文不一样的是收养遗孤并没有感化侵略者们。

个性独悟
ge xing du wu

　　★"我从来就不恨北方佬，最可恨也最让人诅咒的就是那场战争"，"那场战争"是指哪场战争？从这句话中可以看出说话者是怎样的人？完全有理由憎恨内战，却不恨与之为战的北方佬，表现了贝蒂怎样的为人？

　　★她原以为战争是什么样的？现在看到的战争是什么样的？"在贝蒂看来，这个伤兵不是敌人，而是一个受苦受难和需要帮助的同胞"，这句话与文中哪句话意思相同？

　　★是什么想法使贝蒂清楚应该把伤兵向南方联邦的军队报告，而又明白自己不会那么做的？如果用四个字概括她的"解释"，这四个字应该是什么？

　　★是什么想法促使贝蒂要抢救伤员，并要把他送回家去？既然想"让她的丈夫重新回到她的身旁，"为什么"又不愿意从南方联邦医院里少的可怜的医院用品中去拿"？

　　★比德尔和贝蒂在讲各自残缺的家庭时，贝蒂为什么会觉得与敌方的素未谋面的妻子"感情是多么接近"？可用一句成语概括，请写出这条成语。

★贝蒂为救联邦士兵,赶了20英里的长路,联邦军应该感谢贝蒂才对,贝蒂为什么要感谢他们?

★怎样解释将军说的"不管你讲的是真是假,你都是一位勇敢的女性"?

★"当瘸了一条腿的比德尔从装着干草的木箱里站起来时,他们更是惊愕不已",除此之外,他们"惊愕不已"的应该还有什么?

快乐阅读
kuai le yue du

生命中的三个火把 / ··· 游宇明

一位老教授十多年前在一所地方高校做系主任,每年都参与招生。一些家长为了使自己的子女顺利过关,纷纷给招生人员送物送钱,这位老教授也不知碰到多少次,但他每次都一一谢绝了。有一次,他不在家,某学生家长不顾教授家人的拦阻,执意留下一听茶叶和两条高档香烟。教授打听到该学生家长的详细地址,按当时的市场价寄去了款项。退休七八年,老教授在教师中的威望一直不减,逢年过节都有不少人主动给他打电话问好。

老教授说,人的一生确实是需要品德的火把来照亮道路的,这些火把人各不同,但有三个火把人人都必须具备。

人生的第一个火把叫做"公"。公者,公平、公正也。我们处理什么事应该一碗水端平,要求别人做到的,自己和亲人先做到;希望别人不做的,自己和亲人先不做。只有怀有一颗公心,我们在群众中才有号召力,我们提出的方案,采取的措施才能得到所涉及对象的理解和支持,我们也才有可能成就自己的事业。

人生的第二个火把叫做"廉"。廉者,廉洁、廉耻也。人的一生不可能不接触别人或国家的财物,面对这些不属于自己的东西,你应该守住自己的心,做到"君子爱财,取之有道"。同时,一个人还要有廉耻之心,做了错事、傻事应该感到羞愧,懂得怎样去改正。俗话说:"公生明,廉生威。"你能够分清什么东西该拿,什么东西不能拿,有了过失勇于自责,让你负点什么责别人自然可以放心,你的威望也就水涨船高。

人生的第三个火把是"仁"。"仁者,爱人",即对人要有一颗关怀、体恤之心。一个人活在世上,不过是向社会借几十年时光而已,古人早就懂得"我身如寄"的道理。金钱也好,官位、名声也罢,其实都是一些过眼之物,真正对社会有意义的是你对他人的热情,你为别人的幸福创造了怎样的条件,即你是否达到了"仁"。这件事做好了,你借来的这段时光也就实现了增值。仁有小仁、大仁之分,小仁是指对别人某种具体的帮助,比如别人掉进水沟你拉上一把;大仁是一个人为许多人带来好处的种种努力,比如袁隆平研究杂交水稻。我们需要把小仁与大仁结合起来,没有小仁,仁就没有立足之处;没有大仁,仁则会缺少一种根本的气象。

有些人不懂得生命需要三个火把的道理,他们贪财、迷官、好色,无恶不作。或许这些人不是不知道生命的火把可以照亮自己,而是因为他们的心灵不能见光,不能见别人的眼睛,其结果他们不是在生活中被碰得头破血流,就是被历史抛进腐臭的垃圾堆。

一个人心灵行进的历史构成了生命的全部过程, 心灵的颜色决定了人生的成败。让自己的生命高擎三个火把公、廉、仁,实际上就是要为我们的成功架桥铺路。

与你共品
yu ni gong pin

公平、公正,要求别人做的,自己先做到;廉洁、知耻,"公生明、廉生威"、"君子爱财、取之有道";仁者、爱人,对人多一份关怀,多一份体恤。

公、廉、仁,生命中的三个火把,照亮我们心灵行进的历史,决定人生的荣辱成败。

个性独悟
ge xing du wu

★人的一生需要哪三个火把来照亮道路？

★三个火把就是三种品德，它们之间有什么内在联系吗？

★"一个人活在世上，不过是向社会借几十年时光而已"，为什么说是"借"几十年时光呢？

★说说为什么有些人明知生命的火把可以照亮自己，却还是在生活中碰得头破血流？

★结合文章内容，说说怎样才能真正获得人生的成功。

快乐阅读
kuai le yue du

难忘初三时 / ··· 张 宁

1995 年 8 月，我升初三。暑假，补课。正是我最爱的夏天，满眼金黄灿烂的阳光，天空很蓝，云很白，让人心情很好的那种蓝和白。楼前楼后的树上有着悠长而清亮的蝉鸣，带着清凉的绿意飘进教室。班里的人在新课本的油墨香中无所谓地打发日子，很不知天高地厚地以为初三可以像初二一样玩玩就过去了。看着高一的新生在外面操场上军训，也没有谁去想想自己的未来。

第一学期，功课并不太紧。平平淡淡地，日子在我们哗哗的翻书中很快被翻走了。自习自修仍是有人捧了小说津津有味地读，我们仍是快乐地开开玩笑打打闹闹，我仍是很"准时"地踏着上课铃声跑进校门。初三对我们来说，只不过是多上了一节晚自习而已。夏天早已过去，在这个南方小城的 12 月里依然是可以只穿一件短袖 T 恤的，校园小道上老树落光的叶子，到我考完期末试那天，已经是满树碎玉般嫩绿可爱的小芽儿了。天空越来越高远地俯瞰我们的梦想。是的，那时我是还有梦的。

寒假，还是补课。天气突然出奇的冷，据说是几十年未遇的低温。还下雨，那种细细密密的雨，下不完地下着。穿得笨重无比穿行于冰冷的寒气中，踩着积水的地面，顶着阴阴低垂的天空，这本不让人有好心绪。校园里空空荡荡的很是萧索冷清，窗外的风大声怪叫着。老师总在上面时时地说要努力啊发奋啊时间不多啦为自己前途着想啊，我们一边习惯很乖地点头一边用冻麻的手指歪歪扭扭地抄着笔记。人人都不大说话，许是思想也被冻住了。晚上下自修回家时越发的冷，街上的霓虹灯影流水般在眼前掠过，肥皂泡一样的分外不真实。有时难得遇上太阳，便到教室外面去晒晒那毫无暖意的阳光，手缩在绒绒的毛衣里。忽然觉得这样的举动很像一只懒懒的猫，自己先好笑了，其实当猫没什么不好，起码猫不用读初三。

第二学期开了学，空气中有种无形的浓浓的火药味。每个人都一副紧张兮兮的想要和谁拼命的样子，闭了嘴，皱起眉。卷子一张张地发，习题一本本地做，后面墙上"离中考还有×天"的倒计时一天天地死死催人。在中考的现实的压力下，我们心甘情愿把自己整个埋进那一大堆书本中，不停地写着念着背着。时间成了很重要的东西，我们都恨不得一天有48个小时。我们早上5点就起来，中午也不午睡，晚上下自习回家仍挑灯夜战，一刻不停地和所有汉字、英文字、阿拉伯数字纠缠着，班主任来说现在有些同学晚上学到一两点，这不好会影响身体的。立刻很多人反省自己12点溜上床简直是懒得出奇，于是第二天早上又多了好几个黑眼圈。我摇摇头，叹了口气，把一个月里第三支写完的笔芯用力扔出窗外。满校园在初春和暖的空气里欢乐地喧闹着，不知谁在背后幽幽地来一句："唉，初三了……"我看看下面那些初一的小女孩，快活地说笑，纯真的笑脸，想想两年前我们同样天真的容颜，再扭头望望满教室低垂的黑脑袋与重重叠叠的白纸黑字，有一点儿恍惚的混乱和触目惊心的悲哀，同桌探头过来问："今天4月31号吧？"我瞪她一眼："今天4月1号！"

日子昏天黑地一式一样地过着，每天晚上一闭上眼睛就累得不想睁开。我最记得那段时间我在梦里一道接一道地做着数学题，妈妈早上叫醒我，我还大叫等等还差最后一步；早上骑车上学时背《出师表》差点撞上人还咕哝着"亲贤臣远小人"地远远地逃开。然后开始忙着填表，报志愿，写同学录，每个人都嘻嘻哈哈地写上满纸好话让人感激涕零然后在心底埋怨又少做了几道题。然后突然流行感冒友情大赠送，好几个班空了一半，日子有了一种怪异的轻松。中考前一天学校规定上课，班主任很豪气地把手一挥"都回去休息，有事我负责"，我们大赞老师"够哥们的"。

毫无感觉地考了三天。后来当我终于在榜上找到我的名字时,我很长地舒了一口气,在一树绿色的荫翳下,在阳光洒下的细细碎碎的金色光点里——初三是真真正正完完全全地过去了!

与你共品
yu ni gong pin

本文以轻松活泼的笔调回忆自己读初三时紧张而充实的学习生活,流露出作者对生活的热爱。文章巧妙地把细节描写、景物描写等与心理活动紧密结合,使文中的景物、人物都罩上一层感情色彩。

个性独悟
ge xing du wu

★用简洁的语言概括文章的主要内容。
★试找出文中表明层次变化的词语。
★说说本文在取材与布局上的特点。
★自选角度,请用"美在……"的句式说说文章精美之处。

快乐阅读
kuai le yue du

盲道上的爱 / ··· 张丽钧

上班的时候,看见同事夏老师正搬走学校门口一辆辆停放在人行道上的自行车。我走过去,和她一道搬。我说:"车子放得这么乱,的确有碍观瞻。"她冲我笑了笑,说:"那是次要的,主要是侵占了盲道。"我不好意思地红了脸,说:"您瞧我,多无知。"

夏老师说:"其实,我也是从无知过来的。两年前,我女儿视力急剧下降,到医院一检查,医生说视网膜出了问题,告诉我要有充足的心理准备。我不明白,问医生要有什么心理准备。医生说,当然是失明了。我听了差点死过去。我央求医生说:'我女儿才二十几岁呀,没了眼睛怎么行? 医生啊,求求你,把我的眼睛抠出来给我女儿吧! '那一段时间,我真的是做好了把双眼捐给女儿的充足的心理准备。为了让自己适应失明以后的生活,我开始闭着眼睛拖地抹桌、洗衣做饭。每当辅导完了晚自习,我就闭上眼睛沿着盲道往家走。那盲道,也就两砖宽,砖上有八道杠。一开始,我走得磕磕绊绊的,脚说什么也踩不准那两块砖。在回家的路上,石头绊倒过我,车子碰破过我,我多想睁开眼睛瞅瞅呀,可一想到有一天我将生活在彻底的黑暗里,我就硬是不叫自己睁眼。到后来,我在盲道上走熟了,脚竟认得了那八道杠! 我真高兴,自己终于可以做个百分之百的盲人了! 也就在这个时候,我女儿的眼病居然奇迹般的好了! 有天晚上,我们一家人在街上散步,我让女儿解下她的围巾蒙住我的眼睛,我要给她和她爸表演一回走盲道。结果,我一直顺利地走到了家门前。解开围巾,看见走在后面的女儿和她爸都哭成了泪人……你说,在这一条条盲道上,该发生过多少叫人流泪动心的故事啊。要是这条人间最苦的道连最起码的畅通都不能保证,那不是咱明眼人的耻辱吗! "

带着夏老师讲述的故事,我开始深情地关注那条"人间最苦的道",国内的,国外的,江南的,塞北的……

我向每一条畅通的盲道问好,我弯腰捡起盲道上碍脚的石子。有时候,我一个人走路,我就跟自己说:喂,闭上眼睛,你也试着走一回盲道吧。尽管我的脚不认得那八道杠,但是,那硌脚的感觉那样真切地瞬间从足底传到了心间。我明白,有一种挂念深深嵌入了我的生命。痛与爱纠结着,压迫我的心房。

让那条窄路宽心地延伸,我替他们谢谢你。

与你共品
yu ni gong pin

　　文章由搬自行车写起,"我"为自己不知车子侵占了盲道而脸红。夏老师为"我"讲述了她和女儿的故事:当女儿面临失明的威胁时,母亲当机立断决定把自己的眼睛抠出来给女儿。为了能适应失明后的生活,夏老师历尽千辛万苦,坚持不懈,她高兴自己"终于可以做个百分之百的盲人了",母爱的无私与伟大尽显其中。文章由此推及对所有盲人的关爱,作者呼吁人们关心盲人,帮助盲人,并以自己的行动实践了自己的诺言。

　　当每一个人都能为别人着想,并以实际的行动付出自己的爱,那将是怎样美好的一个世界啊!

个性独悟
ge xing du wu

　　★读文章第一段,说说"我"为什么"不好意思地红了脸"?作者为什么称盲道为"人间最苦的道"?

　　★"我真高兴,自己终于可以做个百分之百的盲人了!"这句话的深刻含义是什么?

　　★夏老师表演走盲道很成功,既没有被石头绊倒,也没有被车子碰破,可"女儿和她爸都哭成了泪人……"这是为什么?

　　★"有一种挂念深深嵌入了我的生命。"你认为此句中的"挂念"指的是什么?

　　★"让那条窄路宽心地延伸"包含了作者怎样的愿望?

快乐阅读
kuai le yue du

富裕的心 / ··· [美] 艾迪·欧根

　　我永远不会忘记 1946 年的复活节。那时,父亲已过世 5 年,家里其余的兄弟姐妹已离家自立门户,只有 16 岁的达莲娜、14 岁的我和 12 岁的欧茜与母亲相依为命。尽管妈妈要供养三个正在上学的孩子,生活极其简朴,但我们的小屋里每天都有歌声和笑声。

　　复活节的前一个月,教堂里的牧师号召所有教友都积攒一点儿钱,好在复活节时捐给穷人。他说,这是我们帮助那些同样身为上帝的孩子却为现实生活所累的人们的一个实在的做法。一回到家,我们便热烈地讨论详细的攒钱计划。妈妈建议接下来的这个月,我们应该去买 50 磅土豆作为一个月的口粮,这样的话,我们就可以省下 20 美元。不过,她保证每天都给我们做出不同口味的土豆,比如煎土豆、烤土豆、土豆泥、土豆饼……哇,我的口水都流出来了! 然后,我们又想方设法省其他开支,例如,尽量少开灯,甚至不听收音机。达莲娜提出她尽可能出去找一些帮别人打扫房间和院子的活,而我和欧茜则可以帮人看孩子。后来我们甚至做起了小买卖。妈妈花上 15 美分买回一些线圈,我们将其加工成壶柄拿到市场上去卖,竟然小赚了 20 美元。我们的生活在那个月变得忙忙碌碌。然而,每当大家围坐在一起,一分一厘地数着辛辛苦苦攒下的钱时,所有的疲乏与奔波之苦就被巨大的成就感扫荡得一干二净。在寂静的夜里,坐在黑暗中,我们凝视天空中的星星,想像那是一张张舒心的笑脸,想像着穷人接到捐款后的喜悦。

　　我们教区共有八十多个教友,如果每家都捐一点钱,那该能帮助多少穷人呀! 每个周日,牧师都会在弥撒中为穷人祈福,并提醒大家应该将上帝的爱无私地与他们分享。

　　眼看复活节一天天的近了。我们开始兴奋得睡不着觉。我们已经攒下了 70 美元,这是多大的一笔数目啊! 这个复活节,我们将没有新衣服穿,可这又有什么呢? 我们一心想着捐款的神圣时刻。

　　复活节那天早上,上帝似乎有意考验我们,一场倾盆大雨企图将我们堵在室内。我们没有伞，但还是冲进大雨中奔跑了足有一公里赶到教堂。我们身上的衣服被淋得透湿，但我们用塑料袋包起来的 70 美元却干干爽爽！

教堂里的孩子们开始小声议论，有的还拿手指着我们的旧衣服，吃吃地笑。这时，妈妈走到我们并排，用她那温暖柔软的手牵住我和欧茜，望着她挺直的腰板和从容的微笑，我握紧了手里的 70 美元。那一刻，我感到自己真是无比的富有！

募捐开始了，妈妈分给我们三个孩子每人一张 20 美元的钞票，然后自己拿着一张 10 美元的纸钞率先投入募捐盒。接着，达莲娜、我和欧茜都郑重地投了自己的一份。

回家的路上，我们高声唱着歌曲，雨后的天空天高云阔。我们的喜悦在午餐时达到了高潮。妈妈为我们准备了丰盛的复活节午餐——炸土豆和复活节煮鸡蛋。大吃一顿后，我们坐在屋里聊天，聊那些收到捐款的穷孩子也可以吃上鸡蛋，也可以上学，也可以和我们一样高声歌唱……

一阵敲门声打断了我们，妈妈走过去开门，原来是牧师。牧师笑着和我们打招呼："嗨，孩子们！看来你们的复活节过得不错呀！""是的，神父！"我们的心因为爱而异常欢快。牧师在门口和妈妈说了一句话，并递给她一个信封，然后便离开了。妈妈走进屋时，我们纷纷猜测信封里是否装着哪个哥哥姐姐的问候信。然而，我发现妈妈的脸上掠过一丝难过的神情，她一句话不说，打开信封，一叠纸滑落在桌上。那是几张纸钞——三张 20 美元、一张 10 美元以及十七张 1 美元！就在那一刻，我还没来得及问出一句"为什么……"一个突如其来而又朦朦胧胧的念头迅速划过我的脑际："我们是穷人！我们是穷人！"这句话一出现就在我脑子里跳个没完，如利刃般刮着我的神经！

一直以来，我都为"穷人"难过，因为他们没有我这样的妈妈，这样的兄弟姐妹，不像我们这样整天有说有笑。虽然我们家没有全套的银餐具，吃饭时妈妈把仅有的几只银质刀叉奖给当天最乖的孩子，但我们却视之为一种极大的乐趣。虽然我一直都知道我们没有鲍勃家的银烛台，没有玛丽家的留声机，但我从没意识到自己属于穷人的行列！可在那个复活节，我知道了我们是穷人，因为牧师为我们送来了捐给穷人的钱。在他的眼里，也许在很多人眼里，我们一直就是穷人！我这才注意到我的旧衣服，我的破鞋，我的小屋子，所有目之所及都在告诉我一个残酷的事实：我们是穷人！我心里生出一种从未有过的羞辱感，想起今天在教堂里那么多人对我们指指点点，我决定再也不去教堂了。

对了，还有学校！虽然在九年级一百多名学生中，我的成绩数一数二，但现在我怀疑所有那些同学看我的眼光中,怜悯和同情占了多数,我恨不得立即退学,反正我已经完成了法定的八年义务教育。

接下来的一整个星期,我们默默地上学、放学,想尽办法从同学们眼中消失,彼此也不愿交谈。终于熬到周六,妈妈郑重地询问我们该如何处置那笔钱。看着那个刺眼的信封,我们茫然无措。穷人该怎么花钱?我们不曾知道,因为我们从未认为自己是穷人。然而,无论如何,我们是不愿去做周日的弥撒了。但妈妈坚持要去。

我们故意在教堂后面一个角落坐下,所有的程序此时都显得漫长而难挨。最后,牧师讲话,他提到在非洲有一些贫穷却虔诚的教友顶着烈日盖教堂,却因资金短缺,教堂的顶部迟迟不能完工。他说,只要100美元我们就可以帮助他们盖一个漂亮的教堂顶了。

突然,一只手搭在我的肩膀上,我看见达莲娜冲我微笑着,递给我那个装着87美元的信封,妈妈也在一旁鼓励地看着我。我突然明白了什么,接过信封,牵起欧茜一起走向圣坛。欧茜将信封投进了募捐盒。

募捐结束后,牧师清理了所有的捐款,最后他兴奋地宣布,捐款超过了100美元。他说没有料到在我们这个小教堂能一下子筹到这么一大笔捐款,他肯定在座的人中一定有富人。

我们就是牧师所说的富人了?我们就是他所说的"富人"!一瞬间,我的心快要跳出嗓子眼——牧师承认我们并不贫穷!

从那天开始,我知道我们都有一颗富裕的心。

与你共品
yu ni gong pin

　　《富裕的心》中的母子四人无疑是这个世界上最快乐的,他们的快乐是给予的快乐,是善良的快乐,是让人震撼的快乐。一个母亲和三个孩子相依为命,还能够每天都有歌声与笑声,这让我们看到了他们对生活的执著与热爱,有了这种执著与热爱,生活充满了希望。他们记得彼此的生日,记得彼此的兴趣与爱好,更记得复活节这一天。这是西方最重要的节日之一,为了这个节日,母子四人开始了忙碌,开始了为他们眼中的穷人能够和他们一样幸福生活的忙碌。妈妈的无私在造就着孩子的善良，存在于他们脑海中的是穷人接到捐款时的喜悦。但是，正当他们为自己的行为而幸福的时候，牧师把捐款送到了他们的家里，他们痛苦地意识到了自己是人们眼中的穷人，他们无法承受这一点，心中于是生出了从未有过的羞辱感。生活不应该这样，所以，正在姐妹三人为了这份捐款而伤心的时候，又一次弥撒让他们走出了这份心灵困境。

物质上，我们可以贫穷，但是，我们的心灵不能贫穷。

母亲的纯净水

个性独悟
ge xing du wu

★请概括地说一下，为了复活节的捐款，母子四人的攒钱计划。

★当妈妈接过牧师递过来的信封的时候，为什么脸上掠过一丝难过的神情？

★为什么当"我"意识到"我们是穷人"的时候，"我"如此难过？

★在"我们"三个孩子不愿去教堂的情况下，妈妈为什么坚持要在周日的时候到教堂去做弥撒？

★文章写到"我"接过装有 87 美元的信封之前说"我忽然明白了什么"，"我"究竟明白了什么？当欧茜把信封投进募捐盒的时候，母子四人有着什么样的心情？

快乐阅读
kuai le yue du

母亲的纯净水 / · · · 乔 叶

　　一瓶普通的纯净水,2块钱;一瓶名牌的纯净水,3块钱。真的不贵。每逢体育课的时候,就有很多同学带着纯净水,以备在激烈地运动之后,可以酣畅地解渴。

　　她也有。她的纯净水是乐百氏的,绿色的商标牌上,帅气的黎明穿着白衣,含着清亮腼腆的笑。每到周二和周五中午,吃过午饭,母亲就把纯净水拿出来,递给她。接过这瓶水的时候,她总是有些不安。家里的经济情况不怎么好,母亲早就下岗了,在街头卖零布,父亲的工资又不高,不过她更多的感觉却是高兴和满足,因为母亲毕竟在这件事上给了她面子,这大约是她跟得上班里那些时髦的同学的惟一一点儿时髦之处了。

　　一次体育课后,同桌没有带纯净水。她很自然地把自己的水递了过去。

　　"喂,你这水不像是纯净水。"同桌喝了一口说。

　　"怎么会?"她的心跳得急起来,"是我妈今天刚买的。"

　　几个同学围拢过来:"不会是假冒的吧?假冒的便宜。"

　　"瞧,生产日期都看不见了。"

　　"颜色也有一点儿别扭。"

　　一个同学拿起来尝了一口:"咦,像是凉白开呀!"

　　大家静了一下,都笑了。是的,是像凉白开。瞬间,她突然清晰地意识到:自己喝了这么长时间的纯净水,的确有可能是凉白开。要不然,一向节俭的母亲怎么会单单在这件事上大方起来呢?

　　她当即扔掉了那瓶水。

　　"你给我的纯净水,是不是凉白开?"一进家门,她就问母亲。

　　"是。"母亲说,"外面的假纯净水太多,我怕你喝坏肚子,就给你灌进了凉白开。"她看了她一眼,"有人说你什么了吗?"

　　她不做声。母亲真虚伪,她想,明明是为了省钱,还说是为了我好。

　　"当然,这么做也能省钱。"母亲仿佛看透了她的心思,又说,"你知道吗?家里一个月用 7 吨水，一吨水八毛五，差不多 6 块钱。要是给你买纯净水，一星期两次体育课，就得 6 块钱，够我们家一个月的水费了。这么省下去，一年能省 100 多块钱，能买好多只鸡呢。"

母亲是对的。她知道。作为家里惟一的纯消费者，她没有能力为家里挣钱，总有义务为家里省钱——况且，喝凉白开和喝纯净水对她的身体来说真的没有什么区别，可她还是感到一种莫名的委屈和酸楚。

"同学们有人笑话你吗？"母亲又问。

她点点头。

"那你听听我的想法。"母亲说，"我们是穷，这是真的。不过，你要明白这样的道理：一、穷不是错，富也不是对，穷富都是日子的一种过法。二、穷人不可怜。那些笑话穷人的人才真可怜。凭他怎么有钱，从根儿上查去，哪一家没有几代穷人？三、再穷，人也得看得起自己，要是看不起自己，心就穷了。心要是穷了，就真穷了。"

她点点头。那天晚上，她想了很多。天亮的时候，她真的想明白了母亲的话：穷真的没什么。它不是一种光荣，也绝不是一种耻辱；它只是一种相比较而言的生活状态，是她需要认识和改变的一种现状。如果她把它看做是一件丑陋的衣衫，那么它就真的遮住了她心灵的光芒。如果她把它看做是一件宽大的布料，那么她就可以把它做成一件温暖的新衣——甚至，她还可以把它做成魔术师手中的那种幕布，用它变幻出绚丽多姿的未来和梦想。

就是这样。

后来，她去上体育课，依然拿着母亲给她灌的凉白开。也有同学故意问她："里面是凉白开吗？"她就沉静地看着问话的人说："是。"

再后来，她考上了大学，毕业后找了一个不错的工作，拿着不菲的薪水。她可以随心所欲地喝各种名贵的饮料，更不用说纯净水了。可是，只要在家里，她还是喜欢喝凉白开。她对我说，她从来没有喝过比凉白开的味道更好的纯净水。

与你共品
yu ni gong pin

　　本文围绕母亲的纯净水展开，叙写她家贫，买不起真正的纯净水。但对她来说，只有母亲的纯净水才是世界上最纯净、最好喝的水。文中母亲的话朴素而真挚，像一眼清泉缓缓淌进孩子的心灵，濯去心灵的微尘。从她的故事中也得到启迪：当我们穷得两手空空一无所有时，不要忘了，我们还有自信。

个性独悟 ge xing du wu

★用一句简洁的话概括这个故事的大意。
★文章倒数第三段中"就是这样"中"这样"含有哪些深意？
★请从文中摘录一句你喜欢的话，并说说你喜欢的理由。

作文链接 zuo wen lian jie

没作业的日子 / … 顾雪梅

班长飞快地跑回教室："班主任说，今……今天没……没……"

"没什么？快说！"口直心快的小胖说道。

"没作业！"

"哇，太棒了！"整个教室顿时沸腾起来。男孩子拿起饭盆站在课桌上齐声高唱着《黄河大合唱》，女孩子们则用手捂着嘴偷笑着。教室里成了欢乐的海洋。

晚自修开始了，同学们三三两两地坐在一起闲聊着。这不，你看咱班的几个足球大"侠"又凑到一起谈论着最近的英超联赛，瞧，说得最厉害的是咱班足球队长文辉，别看他一脸书呆子样，他可是贝克汉姆、欧文的超级 fans 之一。他曾豪言壮语，有朝一日，他一定踢进曼联或飞利浦，拜他们为师——吹牛都不知先打草稿,呸。正与文辉争论不休的是我班的"金话筒"李健祥,他的口才简直让我佩服得五体投地。我想,若干年以后,当他主持中央电视台《足球之夜》栏目时,他的出色表现一定会气坏黄健翔,迷倒王小丫。

自称酷妹的王大丫正在给几位女同学讲着偶像张柏芝在飞车表演中,险些命归西天的新闻,本班大多女生都娇滴滴的,这新闻再被她添油加醋一番,吓得几个小"张柏芝"差点哭起来,哼,典型的恐怖分子。

此时坐在教室靠窗的是我班小诗人许志摩。前不久,风靡于我班的这首"风风雨雨三春秋,如今舟已到津口。横眉冷对中考日,潇洒挥笔为追求",就出于他笔下,可今天似乎没什么灵感了,看,满地的纸团,看他那愁眉苦脸的样真想去安慰一下。不,不行,去了肯定是自讨苦果吃。嘘,告诉你们个秘密,他可打败过我班众多"梁山好汉",厉害得很呢! 嗯,坚决不去招惹他。

坐在我身旁的是我班理科"霸王"王磊。可惜,语文、英语学得乱七八糟,此刻他正苦读着 ABC,功夫不负有心人,这次考试他英语终于及格了。

还有小马和胖子正在下象棋,李娴和王蕊正躲在课桌下看着漫画《蜡笔小新》,时不时还学着小新叫一声:"妈妈。"施小敏正在策划着新一期的黑板报,还有……

你问我在干什么? 我呀,我当然是记下每一位同学的微笑,记下这欢乐的日子呀!

没作业的日子真是多姿多彩!

【简 评】
jian ping

小作者用活泼俏皮的文字,描绘了初中学生"没作业的日子"的多姿多彩的生活片段。

小作者用敏锐的目光,捕捉了"没作业的日子"这一特定环境下的一组组镜头,从同学们不同的兴趣、爱好出发,通过对他们个性化的语言、动作、神态的描写,刻画了一群渴望个性张扬的中学生形象。

把青春卖给了明天 / ··· 肖小艺

　　班 Sir 说我们即将进入毕业班，我们一年的青春也就将卖给明天。

　　虽说卖了有点儿舍不得，但我们还是得面对现实。这一点，从每次老师发的地理、生物卷子就足以证明。明明十万个不愿意，可我们还是得调动五官，朝老师挤出一个自以为很灿烂其实恐怖得足以吓死十头牛的可爱笑容，表示自己多么地感谢老师的"加餐"。恭恭敬敬送老师离开之后，才开始抱怨，没办法，就快会考了，人家抛个"减负"逗你玩玩，如果扯起虎皮当大旗，那你就太天真了。

　　于是每天教室里都是一派"杀气腾腾"，众人都紧皱眉头，盯着卷子的眼睛似乎要喷火了，那神情恨不得把卷子他妈也揪出来臭骂一顿。

　　在高压下，我们的神经也开始错乱。

　　一次物理课上，教室内一片死气沉沉，78.99%的人正和周公"海誓山盟"。物理 Sir 见下面情势不对，大吼一声："天塌下来了！"谁知某君抬起头，半睁着他那炯炯有神的眼睛"含情脉脉"地望着物理 Sir，"请给我天的密度和体积，我来算压力。"旋即倒下，顿时满座哗然。还有一次，班 Sir 在进行思想教育："同学们，你们知道为什么要学习吗？"一副语重心长的样子，却发现 H 君正无动于衷地在下面背政治，于是请 H 君谈谈他的"感想"。H 君"噢"地站起来："为了尽快把我国建设成一个富强、民主、文明的社会主义国家！"一脸正气，大有英雄就义的气概。班 Sir 语塞，半天才回过神来，"这理想……也太崇高了。"

　　由于每天的"战斗"，我们的食量过人，每天早自习时，肚子里的"空城计"也正处于高度警惕状态。于是人人饿得两眼冒绿光，就像一群从西伯利亚逃荒来的狼。下课铃一响，小卖部便首当其冲成为"群狼"的目标，每次"群狼"打着饱嗝离去后，老板都已脸色发白。后来，听说老板久而久之患上了铃声恐惧症，一听到铃声便两腿发软。

　　卖了青春不后悔，明天一定要连本带利赚回来！

【简评】 jian ping

　　作者运用幽默、风趣、夸张的语言将众学子"非常时期"的"非常态"刻画得淋漓尽致，令人忍俊不禁。一年的青春将"卖给"明天，虽然有一丝无奈，但只要"连本带利赚回来"还是值得的。结尾是点睛之笔，表达了拼搏必胜的勇气和自信，响亮有力，令人振奋。

雪后的距离 / ···宋　薇

　　广袤的原野白雪皑皑，母亲那深邃的眼睛带着一滴浑浊的泪。

　　雪前，吃过早饭，儿子接到一个电话后便一声不响地走出了家，"这孩子怎么了？"母亲望着儿子的背影，疑惑地想，这些日子她觉得儿子怪怪的，常接到一些莫名其妙的电话后就往外跑，母亲心头掠过一丝不安的阴云。

　　禁不住疑惑的驱使，母亲轻轻地走进儿子的房间——自从儿子长大后，她就很少进来了。房间里没有多余的摆设，只有一张床、一个书架、一张桌子和一把椅子，母亲轻轻地走到桌前打开抽屉，抽屉里摆着一本精致的日记本和一叠信。母亲叹了口气，扒开信，将手伸向了日记本，在手指和日记本接触的一瞬间，母亲的手像被烫着似的缩了回来。她本不该看儿子的日记，因为她不想再挑起儿子的怒火。可是，当想到儿子与自己交流得越来越少，她咬了咬牙，打开了日记本。

　　日记只记了几页，多是学校里发生的事，母亲匆忙地看了几页后，便慌忙放好日记本，逃离似的出了房间。傍晚，儿子回来了。进房后不久便急步冲出来，盯着母亲，眼睛里的怒火几乎要融化掉身上的残雪，母亲低着头做着其他的事,竭力躲开那两道火光,儿子转身进了房间。"砰"地关了门,母亲被震得一惊。

　　过了几天,儿子又离开了。母亲悄悄地走进了儿子的房间,远远地就看到了抽屉上新装的一把锁。她顿时冷冷地呆立在那儿,刹那间母亲觉得一股强烈的电流通过全身,将她的心击穿,她苦涩地感到锁锁住的不是抽屉,而是一道门,母亲在外面,儿子在里面,母亲心头生出了一丝莫名的惆怅,母亲想退出,但当她想起了电话和信……他毕竟是她的孩子啊!于是她走到书桌前,锁没有锁紧,母亲屏住呼吸,用微略颤抖的手拉开抽屉——里面什么也没有,一片空白,连一张小纸条也没留下。母亲的心顿时如同抽屉一样变得空荡荡了,她抬头望了望雪,雪色一片苍茫。

【简 评】 jian ping

　　文章通过生动的细节描写和细腻的心理描写为我们讲述了一位可怜的母亲与儿子之间"代沟"的故事。文章构思巧妙,以"雪后的距离"为标题暗指"代沟",开头以雪为背景展开故事情节,最后以"雪色一片苍茫"收尾,照应开头。

扭曲的人性

岁月卷

忘记历史就等于背叛

人性的真、善、美与假、恶、丑清晰地留在历史的扉页上

为一朵花而死去
是值得的
冷漠的车轮
粗暴的靴底
使春天的彩虹
在所有眸子里黯然失色
既不能阻挡
又无处诉说
那么,为抗议而死去
是值得的

假如能够
让我们死去千次百次吧
我们的沉默化为石头
像矿苗
在时间的急逝中指示存在
但是,记住
最强烈的抗议
最勇敢的诚实
莫过于——
活着,并且开口

![快乐阅读 kuai le yue du]

"忠字化"小忆 / ···吴 非

　　"文化大革命"中间,举国上下,顶时髦的事情,大概就要数向"老人家"敬献"忠心"了。尤其是在"文革"前期,献"忠心"的活动,一浪高过一浪,每天恨不得能翻出千八百种人们闻所未闻的新花样,正所谓"群众中蕴藏着无穷无尽的创造力"!

　　当时,不光是人人胸前要佩带越大越好的毛主席像章,所有的单位、机关、厂矿、校园、营房里,还都要在中心及惹眼的位置上,竖起高大的毛主席像,其中既有彩色的大幅画像,也有分别取站姿、坐姿的塑像。据说,革命群众只要一时一刻见不到他老人家的光辉形象,就会"生活无指南,前进无方向,工作无动力,吃饭都不香……"所以,不管是大单位也好,小单位也罢,全都得在很短的时间里把毛主席像竖起来。竖像,也不那么简单,花费多少财力、人力还在其次,要是费了好大的心血,那像却画得塑得不怎么太像的话,问题可就严重喽,说你对老人家"阶级感情"不深,那是客气;打你个"现行反革命",也不过是上下嘴唇一碰的事儿。所以,被分派做这件事情的人,没法不诚惶诚恐。因为画像要摆在露天地儿里,日晒、风吹、雨淋的,褪色总难免,特别是各种颜色中的红颜色,又褪得最快,结果,画师们都不得不把毛主席的脸色给涂得红上加红,防备时间不久褪了色,自己可是难逃其咎。

　　光有单位里画像、雕像还不够,每间办公室、每个车间、每个家庭、每间宿舍、每处库房……无不必须在至高的位置上,张贴起毛主席画像,还得在画像周围,布置上一系列热情洋溢、歌颂性十足的标语口号,再搭配些"葵花向太阳"、"梅花欢喜漫天雪"、"春风杨柳万千条"之类的装饰画,以证明人民大众的心,全都跟"他老人家"是心心相印、休戚与共的。现在说起来您恐怕都没法相信"文革"中向毛主席大表"忠心",实在顾不了场合地点什么的,我就亲眼见到在"十三陵"的地下甬道间,也悬挂着毛主席像和"高举毛泽东思想伟大红旗奋勇前进"的大标语!

"忠字化"这个说法,在那个年代,很快就被广大群众所自觉地实行了。人人都要一天多次引吭高唱《东方红》、《大海航行靠舵手》等表"忠心"的歌还不算,不知是谁又发明了一套"忠字舞",就是大家集合在一处,从嘴里高唱着"敬爱的毛主席,我们心中的红太阳……"这首歌的同时,再手舞足蹈,做出天上高悬红日一轮、自己打心窝子里崇拜领袖之类的象征性姿势。每天早8点,各单位上班的那一刻,是社会上约定好了大跳"忠字舞"的准点儿,人们都得走出大门,到街道上狂舞一番,此时,从这里经过的路人也必须驻足同舞,假如想要若无其事地通过可是断断不行的,跳舞的人们会对你怒呵一声:"你什么出身?对毛主席是什么感情?"

当然,并不是所有的人都适合跳舞,没多久,人们就不得不终止了"忠字舞"活动,因为总有不少人,虽不缺乏火热的"忠心",却太缺乏起码的舞蹈细胞了,硬是把个"敬献忠心"的活动,弄成像"群魔乱舞"似的,至此,无论是谁都看不下去了,只好停了它。

跳舞有人跳不好,说话总是人人都会说的呀,结果,红口白牙,大讲"忠字化"语言,又掀起了大浪头。毛主席诗词、"老三篇"、"最新最高指示",本来就要求"溶化在每个人的血液中",就更别说必须做到张口就来了。凡是人与人之间交往,先得像做地下工作"对暗号"一样,严丝合缝地对上一两句毛主席的话(或者是歌颂毛主席的话),否则,你有什么事情找人家办,对方也决不会理你。记得,有一回我在石家庄,慕名去买当地很有名的特产"扒鸡",交了钱,眼看着售货员把那只令人垂涎的鸡递了过来,不想对方突然说了句:"翻身不忘共产党!"我没细想,也没言语,只顾伸手去接鸡,不想售货员又把鸡果断地收了回去,重新厉声吼道:"翻身不忘共产党!"我这才恍然醒悟,原来是自己吃鸡心切,忘了"头等大事",赶紧急中生智,极严正地高呼了一句:"吃鸡不忘毛主席!"不用说,这回对方满意了,把鸡很郑重地递到我的手中。

事后,一想起在石家庄扒鸡店里的这一出,我就不免暗自发笑,又不大敢跟别人说,以防有因贪吃而忘了政治方向之嫌。后来,终于忍不住了,和一个朋友讲起这则趣事,不料朋友对我说:"你那个一点儿不新鲜!本人亲自撞见一回,有个老太太,上小铺里买块酱豆腐,售货员愣是在收钱之前跟老太太说什么：'要斗私……'老太太说：'闺女，我不要豆腐丝，要豆腐乳！'可是，售货员还是瞪着眼儿冲老太太嚷嚷'要斗私……'我在一旁看不过去了，帮着老人回了她一句'……批修！'得，她这才把那块酱豆腐卖给了老太太！"

说起当初的"忠字化"来，那故事真是俯拾皆是。"早请示"和"晚汇报"，是所有"文革"过来人都忘不掉的又一"盛景"。为了体现出来革命群众"三忠于、四无限"（即忠于毛主席，忠于毛泽东思想，忠于毛主席的革命路线和无限忠于、无限爱戴、无限敬仰、无限崇拜毛主席）的殷殷此心，每天一早、一晚，各单位的全体人员必须集合在"老人家"的像前，由一个人领颂一套长篇祝词，结尾必是要在领颂者终于喊出"敬祝毛主席……"之后，全体人员振臂挥动"红宝书"《毛主席语录》，齐呼"万寿无疆！万寿无疆！！"这就是"早请示"、"晚汇报"。这种仪式的长篇祝词，被各单位一位又一位巧舌如簧的领颂人越编越花哨，越编越冗长，好像在不厌其烦的花哨和冗长之间，就真的能比出来哪个单位更加忠于毛主席了。那时，我正在部队服役，我们师宣传科就涌现出了这么一位干事，堪称"天才"的领颂者。若要问他的领颂"本事"有多大？这么说吧：早晨起来，你穿好军装，赶到官兵们集中进行"早请示"的操场上，见这位干事带头举起了小小的红本本《毛主席语录》，念念有词地起颂："革命的指战员同志们，让我们在又一个充满灿烂阳光、充满革命激情的早晨，面对着伟大祖国的心脏北京城，向往着我党我军我国各族人民心中最红最红的红太阳升起的地方——中南海，心怀着伟大的导师、伟大的领袖、伟大的统帅、伟大的舵手毛主席他老人家，以最最忠诚、最最爱戴、最最景仰、最最崇拜的……"这时，你一摸自己的军装口袋，糟了，把参加"早请示"仪式必须要用的"语录本"落在宿舍里了！不用着急，千万不用着急，他的那套颂词还长得很呢，你走出队列，回到宿舍，找到"语录本"，再回到操场上来，准保还赶得上和大家一齐挥动"红宝书"，一齐高喊"……万寿无疆！万寿无疆！！"

"忠字化"登峰造极的那阵子，人们在一切场合里，只要开口讲话，必须先引用毛主席的语录——当时叫"最高指示"。讲话不先引语录，或者引了语录却跟要讲的话没关系，都是"不忠"的表现。所以，大家张嘴第一句，总得是"毛主席教导我们说……"然而，并不是日常的每件事，"老人家"都作过指示的呀，这可就叫人时不时地犯难。不行，觉可以不睡，饭可以不吃，找不着有关的"最高指示"绝对不行！人们只好挖空心思地查阅"红宝书"。我所在的部队里，出过这么一件事：某连队管伙食账的司务长，按要求，在周末向全连官兵汇报这一个星期的伙食收支账目，他开口就来："毛主席教导我们说：'又亏了！'下面我向大家汇报本周的账目……"政治指导员顿时火了，过去制止他："你胡说些什么？毛主席啥时候有过这样的'最高指示'！"司务长胸有成竹地说："请大家打开《毛选》第一卷第一篇《中国社会各阶级的分析》：'小资产阶级……发财观念极重，对赵公元帅礼拜最勤……他们每逢年底结账一次，就吃惊一次，说：咳，又亏了！'这不是毛主席说的吗？"直弄得全连上下哭笑不得。

与你共品
yu ni gong pin

本文选自《今日思潮》的第二辑《遗失的日记》。作者吴非以历史见证人的亲自经历，再现了"文革"期间的"忠字化"现象，从戴像章到竖画像，贴画像；从忠字舞到忠字化"暗示"；从"早请示，晚汇报"到"最高指示"；从"忠字化"的盛景到"忠字化"的故事，作者以详实丰富的语言揭示了病态社会中的一种不正常现象和心态，使人们从啼笑之余，警示着人们不要忘记那段历史，它就活生生地曾存在过，生发出更多的感慨和思索。

个性独悟
ge xing du wu

★第一段结尾处"群众中蕴藏着无穷无尽的创造力，"其中这"创造力"的具体内容指的是什么？

★第二段中被派去竖像的人诚惶诚恐的原因是什么？

★按照文章的叙述顺序列出"忠字化"的几种形式。

★文中详写了4个"忠字化"故事，这样写的用意是什么？

★作者在文章中大量引用"忠字化"用语，这样做有必要吗？为什么？

★"忠字化"现象反映的社会问题是什么？

★请根据文章所提供的材料，分析"忠字化"现象出现的原因。

快乐阅读
kuai le yue du

南京大屠杀(节选)/ · · · 佚 名

在人类历史上，恐怕没有比日军在南京的杀人竞赛更残暴、更无人性的了。

1937年12月的《东京日日新闻》刊登了这样一幅照片：两个日本军官，各举战刀，狰狞而笑，标题是"超记录的百人斩"。照片左侧有"百人斩竞争之两将校"的注释，津津乐道地报道了两个日本军官如何在中国南京紫金山麓进行一场杀人竞赛，如何在一大堆砍下的中国人头旁含笑论胜负。

两个杀人狂属日军第16师团富山大队，一个叫向井敏明，炮兵小队长，一个叫野田岩，副官。

1937年12月英文《日本公告》是这样报道的：

"向井敏明少尉和野田岩少尉举行杀人友谊比赛，看谁能在完全占领南京之前，首先杀死100名中国人，现在他们的比赛将要接近尾声。朝日新闻从前线发回的报道说，星期日，他们的比赛成绩如下：向井敏明少尉，杀死89人，野田岩少尉，杀死78人，目前胜负难以分清，比赛还在继续。"

1937年12月《大美晚报》接着这样报道：

"12月10日中午，两人各执已成缺口之刀，会聚一起，野田说：'我已经杀105人，你杀了多少？'向井说：'我都已经杀了106人。'两人相视哈哈大笑，向井多赢了一个人，但无法确定谁先杀到100人。两人相约比赛目标发展到150人。从昨日开始，他们已向杀150人的目标努力。"

经1946年2月中国南京军事法庭查证，在短短的几个月中，按比较保守的统计，侵华日军集中和分散屠杀中国南京军民34万人。

半个世纪过去了，浩浩长江依然奔腾向前，无止无息。

朋友，当我们回顾历史时，我们不能只有四大发明，文明古国，开元盛世，丝路花雨，也应该有南京大屠杀。我无需更多的议论，我只希望像我一样年轻的战友，年轻的同胞，记住这惨绝人寰的灾难，记住这中华民族的奇耻大辱，它会让我们更加明确今后的路该怎么走。

![与你共品] **与你共品**
yu ni gong pin

　　本文节选自《南京大屠杀》中日军在南京灭绝人性的杀人竞赛部分。文中运用了记叙、说明、议论以及抒情等多种表达方式，从总体来看记叙占了主导地位。

　　这是一篇很具特色的文章，作者遣词造句饱含深情且不拘一格：时而挥笔浓妆详实地记录，时而小露牛刀直逼要害地评论，又时而融情于景地渲染抒情，读来感人肺腑，令人壮怀。

个性独悟
ge xing du wu

　　★本文运用了哪些表现手法？
　　★这些表现手法的运用对表现文章的主题有什么作用？

快乐阅读
kuai le yue du

奥斯威辛没有什么新闻 ／···[美]埃·姆·罗森塔尔

　　《纽约时报》波兰布热津卡讯——在布热津卡，不知怎地，最令人毛骨悚然的是，这里的太阳和煦，明亮，一排排高大的白杨树长势喜人，在门前不远的草地上，还有儿童在嬉笑、打闹。

　　这真像一场噩梦，一切都可怕地颠倒了。在布热津卡，本来不该有太阳照耀，不该有光亮，不该有碧绿的草地，不该有孩子们的嬉笑。假若在布热津卡，从来就见不到阳光，青草都枯萎凋残，那才合乎情理，因为这里是一个无法形容的恐怖地方。

但是,每天都有许多人从世界各地来到布热津卡,这里可能是世界上最可怕的旅游中心。人们怀着不同的目的来到这里,有的是想看一看这里的情况是否真像传说中所描绘的那样,有的是要提醒自己不要忘记这个悲剧,有的是想通过访问死难者受折磨的场所来向他们致意。

布热津卡同南面更加著名的城市奥斯威辛只相隔几公里。奥斯威辛大约有12000居民,距华沙约171公里,坐落在莫拉维亚关卡东端的一片沼泽地上。

布热津卡和奥斯威辛共同构成一座周密组织起来的大型杀人工厂的一部分,被纳粹称为奥斯威辛集中营。

从最后一批战俘脱光了衣服在狗和卫兵的驱赶下走进毒气室到现在,已经过去了14年,奥斯威辛的惨状被人们讲过许多次了。在集中营呆过的一些人曾写过许多回忆录,回忆录中提到的事是一般人难以想像的。集中营总监鲁道夫·弗朗茨·费迪南德·豪斯在被处死前曾写下一部回忆录,叙述了大规模杀人以及在活人身上做试验的情况。据波兰人说,有400万人死在这里。

这样,奥斯威辛就没有什么新闻好报道了。但是有一种无形的压力迫使你提起笔来。这种压力来自无法抑制的某种感情。专程到奥斯威辛来,什么也不说,什么也不写,这对于这儿的受难者来说,实在是一种不友好、十分令人痛心的行为。

布热津卡和奥斯威辛如今已是十分宁静的地方,再也听不到刺耳的尖叫声。参观者默默地迈着步子,先是很快地望上一眼,接着,当他的脑海中浮现出牢房、毒气室、地牢和刑房时,脚步就渐渐放慢,简直是在地上拖着走。导游也不必多费唇舌,因为只要他用手一指,就一清二楚了。

对于每个参观者来说,都有某些他认为永远也不会忘记的特别之处。有的人在奥斯威辛感受最深的是重新修复的毒气室,据说这还是"小的"。而给另一些人留下深刻印象的是:在布热津卡,德国人撤退时破坏了毒气室和焚尸炉的废墟上已长满了雏菊。

许多参观者目瞪口呆地盯着毒气室和焚尸炉,因为他们觉得这一切都不可思议。当他们看到玻璃后堆积得像小山似的头发,看到一堆堆婴孩的小鞋,看到一排排堆放着被窒息而死的人的尸体的砖房时,不禁毛骨悚然,不寒而栗。

一位参观者突然张开大口,差不多叫出声来。他看到许多木箱,一排排地放在女牢房里。每只木箱都有3层,宽6英尺,高3英尺。每只箱子晚上都要塞进5~10名女囚,她们就在里面过夜。导游很快地穿过牢房。那里没有别的东西。

有一座用砖砌成的建筑物,在这里,德国人曾在女囚身上作绝育试验。导游推了推门,门上锁了。记者实在感激,不必入内了,但马上臊红了脸。

一条长廊,一排排面孔从墙上死盯着你。成千上万张照片,囚徒的照片。他们都离开人世了。这些曾经站在照相机前的男人和女人都清楚死亡在等待着他们。

他们目光呆滞。但是,中间一排有一张照片却使记者回顾良久,思绪万千。一个年轻姑娘,大约只有 22 岁,丰满可爱,满头金发。她温柔地微笑着,好像想起了什么甜蜜美妙的事情。究竟是什么念头在这个姑娘的脑海中闪过呢?她的形象在奥斯威辛挂满死难者照片的墙上留下的纪念又意味着什么呢?

记者被带进地下窒息室呆了一会儿,喉咙就像被人扼住一样。又有一个参观者走了进来,她跟跄地退了出去,在胸前直划十字。在奥斯威辛,没有地方可以祈祷。

参观者恳求似的你望着我,我望着你,然后对导游讲道:"够了。"

奥斯威辛没有什么新东西可报道。这里天气晴朗,树木青青,门前还有儿童在打闹,嬉戏。

与你共品
yu ni gong pin

这篇"没有什么新闻"的新闻,恰恰是一篇十分高明的通讯报道。文章一再强调"奥斯威辛没有什么新闻",有着十分丰富而深刻的内涵,读者可以从不同角度去理解。

这篇通讯的写作切入点也是十分精彩的。文中没有大量的关于集中营情况和背景的介绍,而是用极为简洁、凝练的文字随着参观者的行踪重点地描写了集中营的几个部位,其中又多处穿插了参观者的感受;文中也没有记录导游的解说和参观者的语言,但"此处无声胜有声",在"默默"之中,在"跟跄地退了出去"之中,读者似乎亲身感受到集中营那令人"毛骨悚然,不寒而栗"的恐怖气氛——这就够了。

个性独悟
ge xing du wu

★本文开头为什么说：光明、生机勃勃，欢乐的景象反而"最令人毛骨悚然"？

★人们怀着不同的目的来到奥斯威辛，这些目的是什么？

★为什么说："没有什么新闻可以报道了"？既然如此，作者为什么还要写这篇通讯？

快乐阅读
kuai le yue du

东史郎日记（节选）/ ··· [日] 东史郎

21日奉命警戒城内，我们又离开了马群镇。

中山路上的最高法院，相当于日本的司法省，是一座灰色大建筑。法院前有一辆破烂不堪的私人轿车翻倒在地。路对面有一个池塘。不知从哪儿拉来一个支那人，战友们像小孩玩抓来的小狗一样戏弄着他。这时，西本提出了一个残忍的提议，就是把这个支那人装入袋中，浇上那辆汽车中的汽油，然后点火。于是，大声哭喊着的支那人被装进了邮袋，袋口被扎紧，那个支那人在袋中拼命地挣扎着、哭喊着。西本像玩足球一样把袋子踢来踢去，像给蔬菜施肥一样向袋子撒尿。西本从破轿车中取出汽油，浇到袋子上，在袋子上系一根长绳子，在地上来回地拖着。

稍有一点儿良心的人皱着眉头盯着这个残忍的游戏,一点儿良心都没有的人则大声鼓励,觉得饶有兴趣。

西本点着了火。汽油刚一点燃,就从袋中冲出了令人毛骨悚然的惨叫声。袋子以浑身气力跳跃着、滚动着。有些战友面对如此残暴的玩法还觉得很有趣,袋子像火球一样满地滚,发出一阵阵地狱中的惨叫。西本拉着口袋上的绳子说:

"喂,嫌热我就给你凉快凉快吧!"

说着,在袋子上系了两颗手榴弹,随后将袋子扔进了池塘。火渐渐地灭掉了,袋子向下沉着,水的波纹也慢慢地平静下来。突然,"嘭!"手榴弹爆炸了,掀起了水花。过了一会儿,水平静下来,游戏就这样结束了。

像这样的事情在战场上算不上什么罪恶。只是西本的残忍让我们惊诧。

一会儿,这伙人便将上面的惨事统统忘记,如同没事人一样又哼起小曲走路了。

与你共品
yu ni gong pin

本文选自《东史郎日记》。这是一部极特殊的、极受世人关注的日记。作者东史郎,日本人。1937年8月,25岁时他应召入伍,系日军第十六师团步兵第二十联队上等兵,曾参加过日军攻占天津、上海、南京、徐州、武汉、襄东等战役,1939年因病回国。1944年3月,他再次应召参加侵华战争。1945年8月,他在上海向中国军队投降。1946年1月回日本,东史郎有记日记的习惯,他把侵华战争期间的所见所闻详细记录下来,共有五卷37万字。

在侵华战争期间,受军国主义思想之毒害,东史郎无疑也是中国人民的加害者,双手也曾沾满了我们同胞的鲜血。但中国有句古训:"知耻者,近乎勇。"东史郎能在半个世纪以后,站出来向中国人民谢罪,并无情地揭露日军当年的残暴行径,这实在是一个令人称道的正义行动。

个性独悟
ge xing du wu

★文中有三处比喻，准确地揭示了日本军队的毫无人性以及他们对中国人的惨不忍睹的杀害。这三处比喻是如何表述的？东史郎把观看这"一幕惨剧"的人分为两种情形，他们各有怎样的不同？

★文中最能揭示日本侵略者的毫无人性，把杀人当成是"饶有兴趣"的游戏的一句话是什么？

★西本所提出的残忍的提议指的是什么？

快乐阅读
kuai le yue du

丑陋的牡丹花，丑陋的日本人 /··· 余 杰

　　三岛由纪夫是20世纪日本第一流的作家。他有一篇小说《牡丹》，在岛内好评如潮。小说的主人公是一个孤僻的老翁，青年时代曾参加侵华战争。他除了培植数百株牡丹花以外别无所好。究其原因，每一株牡丹都象征着一名当年他所杀害的年轻美丽的中国姑娘。就是这样一个变态的魔王，在三岛笔下却成为安享审美愉悦的艺术大师。纵观人类数千个族群，惟有丑陋的日本人才能宁静超然地欣赏这片丑陋的牡丹花。

　　在进化的链条上，大和民族进化的只有智力，他们的心灵比非洲的食人族还要野蛮和变态。1943年12月20日，美国记者爱泼斯坦在湖南常德目睹了日

军的暴行,在给《时代》周刊的报道中愤怒地写道:"人们会问,日本农民在国内时视粮食为珍宝,十分珍惜自己的劳动成果,但为什么到了中国后,他们不仅掠夺中国农民的大米,而且朝着运不走的粮食大小便?人们会问,是什么原因,使得日本兵进入孤儿院后,偷走孤儿的被褥,并不辞劳苦地从地下的院内搬来大石头,将一所职业学校的纺织机械砸得粉碎?他们闯入学校,向墙上猛摔墨水瓶,从中又得到了什么乐趣?"除了日本人自己,没有哪个民族能回答这些问题。而日本文化的精髓,正在于这些匪夷所思的"乐趣"之中。

荷兰作家布鲁玛在《恍惚有无前朝罪》一书中对比了德、日两国对战争的不同态度。"德国总理勃兰特跪在犹太纪念碑前,但没有一个日本领导人有过这样的举动。在德国,否认战争罪行的是一小撮被警察追捕的极端主义光头党;在日本,却是首相、国会议员、内阁大臣和历史学家。"布鲁玛援引本尼迪克特提出的原罪文化与耻辱文化的差别,认为对日本来说最重要的不是通过忏悔获得宽容,而是遮住罪过以免在世界面前丢脸。对于德国公众,二战中最突出的事件是屠杀犹太人的惨剧;而对日本人来说,涉及二战他们只谈广岛原子弹爆炸。于是,作为侵略者的日本人不见了,只剩下作为被害者的日本人。作为杀人如麻的刽子手的日本士兵不见了,只剩下沉醉在美丽中的种花老人。这是一个从精神到社会政治都还处在顽童阶段的丑陋民族——他们在肆意地破坏之后,却从不承认自己做了错事。

在北大的校园里,我最厌恶的便是日本留学生,他们那副飞扬跋扈的神情跟当年的侵略者没有什么两样。有一次,两个日本留学生在教室里抢占座位,将中国学生放在桌上的笔记本扔到地上。中国学生彬彬有礼地解释说,用笔记本占座是北大的规矩,小日本却狂妄地回答道:"这是你们的规矩!"于是,遭到了针锋相对的回答:"在我们的土地上,就得守我们的规矩!"两个家伙在一致的谴责中灰溜溜地走了。他们实在顽劣得可爱:想在以反日为契机的"五四"运动的发源地——北京大学张扬他们的"大和魂",实在是找错了地方。

这个民族的觉醒者实在少得可怜。一位真正具有反省精神的日本学者竹内好认为,日本法西斯主义是近代日本颓废主义的一种反叛,在此意义上,"悲剧的主体在近代"。另一位日本学者伊藤虎丸发展了此观点,进而指出:日本之所以发动侵略战争,不仅是意识形态方面的错误,更根本的原因在于明治以来总体的日本近代"文化"。而所谓的"文化"观点,是将"近代"看做欧洲这一"文化"的产物。这就必然地意味着把"亚洲的近代"看做"西方冲击"。因此,日本人将西洋看做"先进国"来崇拜,而将中国看做"后进国"来蔑视。

两位学者的反省已触及了日本人的"奴隶"(同时也是"奴隶主")的精神结构。但我认为，近代并不是日本人反省的起点，近代只是主干，而日本文化的问题出在根部，仅从近代反省起有避重就轻之嫌。我不否认日本文化中有不少健康、清新的成分，但我同时也看到，日本文化中包含了令人震惊的丑陋的一面：例如盛行日本的相扑运动。从这个运动中我就看出，日本民族的心理已变态到何种程度。把人像猪一样喂成一堆肥肉，然后让两堆肥肉在舞台上翻滚挤压，而日本国民无论男女老幼，全都看得津津有味。我为已沦为"非人"的相扑"运动员"感到悲哀。理解日本人何以喜欢相扑，就不难理解日本人为何制造南京大屠杀。读日本作家的作品，我惊异于他们感觉的敏锐和精微，但同时也发现他们的感觉中有着一股阴森森的邪气，从日本俳句到芥川龙之介，一直到20世纪的川端康成、三岛由纪夫以及1994年获诺贝尔奖的大江健三郎。这种"邪气"是日本文学的最大特质，也是日本人文化和精神的最大特质。日本人最懂得美，他们确实是牡丹的知音；日本人最不懂得美，面对一些丑陋的牡丹花，他们暴露出了精神深处令人作呕的龌龊和丑恶。他们是一群带着花岗岩脑袋去见天皇的顽童——连原子弹也不能把他们的花岗岩脑袋炸开一条缝隙，看来只有十八级的地震才能令他们清醒地意识到自己的罪恶。

与你共品
yu ni gong pin

选自《铁屋中的呐喊》，作者余杰。本文由20世纪日本第一流的作家三岛由纪夫的一篇小说《牡丹》谈起，引出对日本侵华战争、残酷血腥屠杀中国人的历史暴行的揭露。作者列举了大量的事实和书证，揭露了日本人对侵华战争的抵赖和美化，引出对日本民族的野蛮和变态心理深层次的挖掘和批判。证明日本是一个从精神到社会政治都还处在顽童阶段的丑陋民族，"邪气"是日本文学的最大特质，也是日本文化和精神的最大特质。他们的精神深处包藏着令人作呕的龌龊和丑恶。文章例证充分，语言犀利，剖析深刻，把日本民族丑陋的特性暴露无遗。

个性独悟
ge xing du wu

★日本小说《牡丹》描写的主人公是一个什么样的人？本文作者对他是怎样评价的？

★文章第一段引日本作家的小说《牡丹》的作用是什么？

★第二段引了美国记者爱波斯坦给《时代》周刊的报道，列举了侵华日军的哪些暴行？

★第三段引了荷兰作家布鲁玛在《愧悔有无前朝罪》一书中德、日两国对战争的不同态度的对比，你从中看出他们有哪些差别？

★你如何理解"日本人最懂得美，他们确实是牡丹的知音；日本人最不懂得美，面对一些丑陋的牡丹花，他们暴露了精神深处令人作呕的猥琐和丑恶"这句话的含义？

快乐阅读
kuai le yue du

天真的谎言 / ···大 雪

不久前在中央电视台的《今日说法》中看到一个小案子，耐人寻味。

事情本来很平常：一个小学四年级的女生叫明子——节目主持人特别告诉我们，"这是一个十分温顺乖巧的孩子"——在去年中秋节那天，被班主任拉住红领巾猛拽了几下(因为她父亲在当天早上到学校投诉班主任乱收费)，造成颈椎脱位，住院治疗十多天后痊愈。

家长告到学校，学校敷衍推诿；告到区教育局，倒是受到了重视，局方派出了调查组，周密调查后得出结论：没有发现老师行凶的证据。家长悲愤之下，求助于媒体，引起了几家新闻单位的关注，调查的调查，曝光的曝光。

形成舆论压力后，班主任以攻为守，以侵害名誉权将学生家长告上法庭。

明子家长觉得简直岂有此理！提出反诉，要求班主任赔礼道歉并赔偿医药费及精神损失。法院审理时采纳了媒体记者调查学生取得的证据，判决班主任侵害事实成立，赔偿明子医药费 1800 元，精神损失费 4000 元。

一直叙述到这里，应当说还是其善可陈。震撼效应产生在水落石出、眼看要风平浪静之时。明子伤愈返校后，被全体同学所孤立。更有甚者，班上同学还自发地组织了一个"跟踪团"来监视她的行动。这个"跟踪团"有组织，有分工，情报直接送给班主任。一个小男生还用刀当面威胁恐吓明子，收到满意的效果后，旋即给班主任写了一份"喜报"。这对小明子的打击，远远大于先前所受的暴力侵害。

电视里这个女孩垂泪说：我再也不想上学了。

在节目中，我们看到与明子同班的二十几个孩子面对镜头，记者问他们，有没有看到老师拽明子的红领巾？这些孩子像统一训练过一样，齐声高喊：

"没——有——"

由于我已经知道真相，看着那些天真无邪的小脸，心里难以抑制地涌出厌恶和悲哀。

这些孩子其实明知自己是在撒谎。他们不但撒谎，还懂得以积极的迫害行动取得老师的欢心。这只是一群不到 10 岁的孩子啊！他们已经懂得了利害关系，已经明白得罪同学与得罪老师，哪样对自己最有害。他们甚至非常成熟地知道把握这个来之不易的向老师表功邀宠的机会，这令我们许多未谙世故的成年人汗颜。他们惟一不关心的，是受害同学的感受和命运，因为，这与他们无关。

这些孩子，十年以后要进入大学，二十年后会成为官员、学者、律师、法官，他们将掌握整个社会的命运，他们将不断面对舍己为人还是损人利己的选择，而童年的烙印，会在其中发挥多大的影响？

但责任在孩子吗？不！有没有一位家长，在知道了这件事情之后，会对孩子说："你一定要说出真相，不要怕为此付出代价？"如果家长自己成为此事的当事人，他会挺身而出，为明子作证吗？假如我是其中一个家长，我会教自己的孩子为明子作证，从而得罪学校、老师和整个班集体吗？反思自己一生，多少次面对邪恶和谎言，难道没有做出过屈辱的选择？

所以，我们既不要责备那些孩子，也不要批评那些家长，因为，这其实就是我们自己的缩影。在这个事件中出场的人物不过是一面镜子，它照出的，是我们共同的丑恶灵魂。

这也不能怨我们。如果我们真的像婴儿一样纯洁，天使一样坦诚，在这个世界上,我们还能否生存?无数失败和挫折教训了我们,使我们聪明起来。我们再也不信奉正义、良知,"良心多少钱一斤"遂成为这个时代的道德宣言。我们认定自己的利益只能一点一滴去从别人手里争夺,那么,怎么能教孩子从小诚实守信?大多数家长,恐怕巴不得孩子 10 岁以前就掌握三十六计,18 岁以前就精通"哈佛学不到"的学问。

林语堂先生在六十五年前写的《中国人》中指出,"在中国,如果一个人有公共精神,他就会有危险。"因此,"我们敬佩他们,热爱他们,但我们不希望家里有这样的人。当我们看到一个男孩有太多的公共精神,以至使自己陷入窘境时,我们会大胆地预见这个男孩将是他父母的灾星。如果我们能尽早地阻止他自然是再好不过的了。"

如果林先生再生,来为我们做一个关于中国传统文化劣根性的演讲,《中国人》中的文字,不需要做任何修改。六十五年过去了,我们的生产力从马车进步到航天器,我们的生活方式从煤油灯发展到多媒体家庭影院,而我们关于社会、公平、正义的观念,并没有随之一起进步。从华老栓手上的人血馒头到明子的同学献给老师的"喜报",其实质并无不同。

伟大的孟子曾发出过"老吾老以及人之老,幼吾幼以及人之幼"的道德呼吁,那是何等的境界啊!但几千年来,中国人一直不幸挣扎在求生存、求温饱的边缘地带,残酷的现实使他们认准了活下去才是硬道理、吃饱了才是硬道理、富起来才是硬道理。礼义廉耻等等软道理只能漂洋过海,应了孔子的一句气话:我这一套如果行不通,就他娘的出国。

现在,西方人民不但普遍做到了"幼人之幼,老人之老",甚至推广到以人道对待动物,别说这样拽孩子的脖子,就是拽小狗的脖子,也会有人打抱不平。每当看到类似的西方社会新闻,我们那些有识之士就一撇嘴:"真是吃饱了撑的!"

是啊,洋鬼子哪里有我们聪明。我们会把自己家里装潢得像宾馆,而把宾馆糟蹋得像猪圈;我们知道进家换鞋,而誓死不去扫楼道;我们知道痰盂放在家里不卫生,而创造出开窗吐痰法;我们从不担心丢弃的废电池会污染土壤水源,因为我们早就懂得了喝纯净水;我们知道在公司的班车上要抢先给上司让座,而在公共汽车上就完全不要理会任何人。这里包藏的精妙的关系和复杂的计算,岂是洋鬼子们可以理解的?

与你共品
yu ni gong pin

　　读罢此文,心中产生一种莫名的悲哀。文章由一个并不复杂的故事谈起:一个小学生被班主任拉住红领巾猛拽几下而导致颈椎脱位,住院治疗。对此事全班同学为其班主任开脱,做伪证,以致受伤学生遭孤立受侵害,对此事作者发出救救幼小灵魂的呼声。

　　作者对此事引发的一番感慨颇引人深思,面对邪恶和谎言,如何抉择?艰难的抉择!是采取天使一般的坦诚,还是屈辱逢迎?更为人感叹的是作者引用六十五年前林语堂改写的《中国人》,把这一具体事件上升到挖掘民族劣根性的高度,几十年过去了,难道我们整个民族的道德水准没有得到丝毫的进步,这就是我们发展了半个多世纪的精神文明?

个性独悟
ge xing du wu

　　★文中提到的"华老栓手上的人血馒头"出自哪位作家的哪部作品?你能举出你学过的这位作家的另一部小说吗?他曾经在他的哪部作品结尾发出了"救救孩子"的呼喊?

　　★对于文中明子的同学,这群不到10岁的孩子的"成熟",你如何看待?

　　★想像一下,假设你是明子的一个同学的家长,而且知道了真相,你将如何做?你会对自己的孩子说些什么?

　　★作者说"如果我们真的像婴儿一样纯洁,天使一样坦诚,在这个世界上,我们还能否生存?"你怎么看待这个问题?简要阐述一下。

快乐阅读
kuai le yue du

冷漠是一种罪恶／···余 杰

　　这个悲惨的故事,是我辗转从当记者的朋友那里听来的。北京某国企的一对失业了的夫妇(用委婉的说法,叫做"下岗"),妻子怀孕快要生产了,因为家中一贫如洗,不敢到收费昂贵的大医院去。于是,丈夫借来一辆板车,拉着妻子去附近的一所兽医院找熟人接生。没有想到妻子偏偏又是难产,兽医不敢处理,劝他们立刻到大医院,否则大人孩子都有生命危险。丈夫咬着牙蹬着平板车一路疾驰,妻子在车上痛苦地呻吟着。当平板车来到一个繁华路口时,警察拦住了他们。原来,这条街道是国宾道,不允许人力车经过。警察执行公务一点儿也不含糊,虽然那时并没有尊贵的国宾的车队通行,但他依然坚持不放行。孕妇的呻吟和鲜血,警察却充耳不闻、视而不见。丈夫哀哭着向他下跪,这名警察仍然"刚直不阿"。没有办法,丈夫只好蹬着车绕道前往医院。中途耽误了半小时,到达医院时,大人和孩子都已经失去了抢救的时机,双双死亡。晚上,悲痛万分的丈夫一个人在破旧的家里上吊自尽了。

　　惨剧的罪魁祸首是冷漠。长久以来,冷漠在我们的文化体系中被赞扬为"坚强"和"勇敢",从很小的时候起,我们就被要求成为"特殊材料"制造成的人。我不想过多地谴责那个不通人情的警察,他不会感到自己做错了什么,反倒会认为自己是"忠于职守"的。是我们共同制造了一种以冷漠为"光荣"、以冷漠为"进步"的社会氛围。我们以为自己在突飞猛进,其实我们的精神世界是一片荒芜的、一无所有的旷野。冷漠的尽头是麻木,我想起了作家卢跃刚在《大国寡民》中说过一句话:"贫穷和愚昧并不可怕,真正可怕的是冷漠和麻木。"

　　经历过"文革"的中国人,由血腥走向觉醒和反思乃至忏悔的,毕竟是其中的少数。大多数的人，却在血腥中变得冷漠和麻木，他们拒绝忏悔和反思，他们毅然选择逃避和掩饰。如何对待历史，其实也就是如何对待现实，这两者是相通的。不肯面对历史的苦难的人，同样也不肯面对现实的苦难。他们不把冷漠看成一种罪恶，反而将其当成是一种令人羡慕的生存策略。东方发生在六七十年代的文化大革命正在被迅速地遗忘和改写，而西方发生在三四十年代的纳粹暴政，却越来越被凸现和批判。

任何阅读过《拉贝日记》的人，任何亲身到过奥斯威辛集中营的人，都会被那些恐怖的场面所震撼。在德国，集中营已经成为纪念馆，成为民族记忆中一道永远的疤痕。在一间阴森的地下室里，装满小孩们玩具的箱子被细心地码在一起，堆积如山，至今好像仍在等待它们的小主人们来挑选。在许多小箱子上，用粉笔写着"丽贝卡"、"伊斯尔"、"伊莎克"等成千上万个无辜的孩子和家庭的名字，全都清晰可见，而这些人都被暴徒们赶进了毒气杀人室。

今天的冷漠实际上来自于不肯承担昨天的责任。全民共忏悔的呼吁，直到今天还是被当做笑话，并遭到聪明人的围剿。对历史的掩盖，直接导致了现实社会生态的恶化；对责任的躲避，直接带来了冷漠心态的大面积扩散。我无法忘怀那个产妇和那个婴儿悲惨的死亡，他们的生命融会进了历史上无数的无辜的冤魂的行列。是冷漠杀害了他们。托马斯·弗莱纳将"罪"的定义扩充开去，阐明了冷漠本身就是罪恶的道理："无数冷漠的、不准备为人类的尊严和人权而站出来的人也应当承担连带责任。这些冷漠的人既不在国内也不在国外抗议 1935 年颁布的纽伦堡法律，那就是众所周知的决定对犹太人给予最可怕的歧视侮辱的法律，当瑞士外交官同德国代表就德国犹太人的护照加盖犹太标记达成协议（瑞士当局以此防止德国的犹太人逃入瑞士）时，这些冷漠的人没有集合起来进行抵抗。在 30 年代，当意大利法西斯政权要求教授们向法西斯主义宣誓，保证教育学生成为法西斯意大利的忠实成员时，三千多名教授中只有大约 0.5% 的人拒绝宣誓。例如，天主教教堂的借口是含糊不清的：法西斯主义应当就是意大利国家。不仅自欺欺人，还证明其签署文件的行为是正当的。这些冷漠的人担心的只是自己的生计，他们构成了为独裁者和民族仇恨煽动者铺下的红地毯的表层。"从这个意义上来说，除了少数的抗议者，我们这"沉默的大多数"、"懦弱的大多数"都是有罪的，因为沉默、懦弱、冷漠和麻木本身就是一种严重的罪行。我们曾经沉默、曾经懦弱、曾经冷漠、曾经麻木，今天我们在面对包括那个产妇和那个婴儿在内的一个个消逝的生命时，我们依旧会沉默、依旧会懦弱、依旧会冷漠、依旧会麻木。

站在历史的枝头微笑

冷漠是一种特殊的罪恶。只有意识到了这一点,我们才有可能与之作艰巨的抗争,我们才有可能企盼爱、同情、怜悯这些珍贵的情感的降临。

与你共品
yu ni gong pin

一位父亲,看见一位倒在地的孩子扭头而去,可他万万没有想到,那竟是他的孩子。就因为亲生父亲的弃之不理导致了孩子没能及时治疗而死亡。一位警察,是一位忠于"职守"的警察,无动于衷孕妇的呻吟和鲜血,造成这些人类惨剧的凶手是谁呢?是冷漠,是人们心灵的冷漠,展现在我们面前的是一颗沙漠化了的人心。当这片沙漠肆意暴虐时,将是怎样的结果呢?那位冷漠的父亲不就自食其果了吗?

个性独悟
ge xing du wu

★在现实生活中,如果有一天,你的面前也会有人需要帮助,你该怎么做? 简单阐述一下。

★你如何评价《冷漠是一种罪恶》中的警察?

★表达方式在记叙文中都有哪些? 本文主要采用了哪些表达方式? 简单概括一下作者是怎样表达的?

快乐阅读
kuai le yue du

罪　证／···文　刀

　　1960 年，饱受天灾人祸的中国人民都勒紧了裤腰带，吃饭成了一个大问题。

　　按理说，父亲所在的地质队里每人每月有 41 斤口粮，不应出现挨饿的问题，但地质队里的队员大多来自农村，家中有老人和孩子，大部分口粮都换成粮票寄回家去了。父亲那时还没成家，但家中六十来岁的老娘却有一个好胃口。那时，村子里连青壮年都饿死不少。一个连树皮都刮不动的老太婆却活了下来，这都得益于父亲每个月寄回来的 25 斤粮票。

　　父亲每个月寄出 25 斤粮票后，留给自己的就只有 16 斤了。试想一个成天干着重体力活的青壮年汉子每天仅能吃上半斤米，该是一种什么样的情况？（父亲谈到这里时，他的孙子接过话说："多吃点儿菜不就得了吗？" 父亲笑着说："哪还有什么菜，每天都是吃炒盐下饭。"）父亲出现了浮肿，这在当年是一种很常见的情况，父亲的好友老周情况还要差些，他家在河南农村，家中不仅有年迈的老母，另外还有两个孩子，因此老周每个月留给自己的粮票更少，所以他的浮肿更严重。为了填饱肚子，他与父亲一起上山挖野菜，捡菌子。

　　老周的身体一天天地弱下去，浮肿由腿部向全身蔓延，地质队里因为浮肿而送命的早已有了先例。父亲劝老周把那 41 斤定量多留些给他自己，老周躺在床上艰难地摇头，把"定量"留给自己他的家人就要挨饿。父亲很想帮老周，可是如同其他的兄弟们一样，大家都在挨饿，仅分一点儿野菜什么的是很难将老周的浮肿治好的，况且山上能吃的东西是越来越难找了。

　　老周快不行了，眼眶深陷面无血色。自老周病后，父亲把自己每个月仅有的那点白米饭也省了一部分给他，但浮肿就像一个魔鬼紧紧地把他缠住了。其实治这种病也很容易，只需要补充一点点营养就行，但在当时这只能是一种奢望，一种不切实际的幻想而已。而更为不幸的是，父亲的浮肿也因此严重了起来。为了生存，父亲决定铤而走险。有篆刻手艺的他用一个萝卜刻制了伙食团专用公章，没盖公章的饭票并不难找，很快父亲用这种办法制成了几十斤饭票。老周是惟一知情的人，他也享用着这些饭票的一半。伪造的饭票根本没有引起任何怀疑，老周因为父亲伪造的饭票，终于从死神的魔爪下挣扎了出来。父亲没有长期伪造饭票的打算，捡回一条命后，他就停止了这种饭票的伪造，用萝卜刻的公章也就被他随手丢弃了。

三年自然灾害过去了，紧接着"文化大革命"的浪潮席卷而来，地质队里的一切生产都停滞了，人们都忙着革命，成立造反派，老周最为兴奋也最为积极。不可思议的是，父亲伪造饭票的事却在那时被查了出来，父亲成了地质队里的头号反革命分子，与那些被打倒的干部一起关进了牛棚受尽磨难。但父亲最忘不了的是在他的批斗会上，老周高举着那枚伪造的公章说："这就是你的罪证！"

"为什么会这样？"听着这离奇的故事我不禁发问。父亲苦笑起来："据说他是因为出身不好，急于立功表现。""他为何要保存那枚伪造的公章呢？"我接着问。"唉，人的心思，谁猜得透呢？"父亲深深地叹息了。

与你共品
yu ni gong pin

1960～1962 年，我国遭受了历史上罕见的自然灾害。本文的故事正是在这时发生的。"我父亲"为了救自己和好友老周的生命，私刻萝卜公章，可到了"文革"时，却被好友揭发并当做"罪证"。读了本文，你一定会骂老周不是东西，其实这完全是被愚弄的结果。人的心灵就是这样被扭曲了。钱钟书先生说得好："过去的愚民政策是不允许人民受教育，后来的愚民政策是只允许人民受某一种教育！"文章结尾，父亲叹道"唉，人的心思，谁猜得透呢？"这充分揭示了"父亲"思想的局限性。

个性独悟
ge xing du wu

★文章主要是通过什么描写来刻画人物形象的？

★简洁概括老周和父亲的形象。

★你读了这篇小说后的感受是什么？

快乐阅读
kuai le yue du

"牛津女孩"与我们的虚荣 / ··· 何　毅

近来一条《中国十九岁女学生打破牛津八百年优异成绩纪录》的消息，在被媒体竞相转载之后，最终被证实为是一条假消息。此事再次加深了我许久以来的一种担心：我们可能正在习惯于以某种虚幻的东西来满足所谓"民族自豪感"。

这则报道宣称，牛津大学颁发校长令，授予一位正在牛津读二年级的29岁的女孩博士学位和6万英镑的最高奖学金的殊荣，该女孩在学校的考试中以十一项科目全部名列第一的成绩，打破了牛津大学八百年的历史纪录，这位女孩的国籍清楚地写着，她来自中国。英国的《太阳报》已刊载了此事。

无论如何，这则报道在满足我们的自尊心方面，算得上是一个极为珍贵的"鲜活材料"。只是在牛津大学向中国的媒体发来传真，当事人自己也出来澄清，这则消息被证实为不实报道的时候，不少热衷于此的国人才感到有些泄气。

"牛津女孩"的报道,可算是媒体今年在大肆炒作"哈佛女孩"之后的又一个更加动人的"杰作"了,本人无意探究这类报道具体是如何出笼的,倒是情不自禁地想到,这些报道的出现,所反映出来的社会背景,应该引起我们的警觉。

近些年来,一种浮躁的心理、一种虚幻的民族自豪感正越来越多地滋生和蔓延,某些东西甚至扯上爱国主义的旗帜,进而理直气壮地叫得响亮。而依赖幻想来张扬民族自豪感的出版物也频频问世。1995 年有人出版《红色舰队》一书,而时下市面上忽然冒出《"神龙号"出击》一书,两本书竟然都是梦想着2010 年中国与某大强国在海上交战,对方被打得一败涂地。此类书受到了不少同属于热血青年的高度评价。本人注意到,在那些颇为畅销的地摊书籍中,近年来这类"扣人心弦"并最终"让国人自信心大振"的"纯粹热血冲动"的文学作品并不少见。如此说来,虚幻的自信心、虚幻的民族自豪感,也算并不鲜见。

出版者举起民族自信心的旗帜,过于媚俗地弄出这些粗制滥造的东西,动机还是赚钱牟利。可是,媒体在一些报道之中,掺进同样一些媚俗的东西,却也日渐平常。去年奥运会刚刚结束,有媒体就评出奥运十大美女,中国人占了三位;十大俊男,中国人也占了两位。明眼人一看就知道,这些完全是以自我为中心搞出来媚俗的。更让人吃惊的是,今年 2 月的最后一天,国内一家知名通讯社的名牌刊物,评出"环球二十位最具影响的世纪女性",华人竟然占了十一位,其中两位我却从未听说过,算是我的见识短浅;可就评出的结果来看,却也显然是以突出自我为目标。所有这些,难道不是站在自己的小圈子里面,或者说像是井底之蛙那样的"观世界"吗?

把这些和"牛津女孩"扯到一起,稍一对照,就会发现炒作者、故弄玄虚者或多或少地有着共同的特征,即把自己标榜为爱国主义者,充满民族自豪感的人,还要鼓动人们起来呐喊,事实上自己心里又发虚、浮躁,以至于只好靠着幻想进行炒作和媚俗。

培养爱国主义和增强民族的自信心、自豪感,是每一个社会及其公民的应尽之职,中国更不例外,我们也时常为在国际上展示中华民族的杰出成就而自豪、骄傲,将民族的复兴作为共同的大业。可若是只依赖于幻想,信赖于对事件的恶性炒作,靠着媚俗去打动他人,炮制出一个又一个挑战英吉利海峡的"民族英雄"、"飞黄英雄"、智慧超群的"牛津女孩"、出类拔萃的"哈佛女孩"、以自我为中心"观世界"的评选等,用形形色色的虚幻、梦想、炒作和精神胜利法来描绘民族的复兴,展示民族的自信心,那么我以为,这一类华而不实或凭空捏造的东西还是少一些为好。毕竟,我们有着太多的实事要做,这些都是需要我们脚踏实地、认认真真去干好的。

与你共品
yu ni gong pin

读完本文,你会懂得:弘扬民族自豪感,是毋庸置疑的;但如果这种弘扬建立在假消息、恶意炒作之上,就显得滑稽和丑陋了。

个性独悟
ge xing du wu

★作者由牛津女孩这一假消息引出了怎样的担心?为什么说这消息算得上"鲜活材料"?除了牛津女孩外,作者还举了哪些反面事例?

★作者为什么举《红色舰队》和《"神龙号"出击》这两本书?这些炒作者、故弄玄虚者,他们的共同特点是什么?

★怎样理解最后一段中画线句子的含义?

作文链接
zuo wen lian jie

走近唐僧 / ⋯ 杨春霞

(唐僧师徒完成西天取经任务后,回到东土大唐。唐太宗李世民特地主持了大型庆功酒会,表彰唐僧师徒所做出的卓越贡献。本人受宇宙电视台委派,现场独家专访了唐僧。)

记者(本人):唐师傅西天取经功不可没,你如今是妇孺皆知的名人了,你如何评价自己?

唐僧:西天取经可以说是对我的最大考验,也是对领导才能的综合评估。虽然众徒弟都努力了,但在大是大非面前还是我拿主意。可以这样说,我把青春都献给了西天取经事业,客观地说,没有我就没有中国的佛教文化。阿弥陀佛。

记者:唐师傅的确有胆有识,颇具领导风范。请问当初你的大徒弟孙悟空捉拿白骨精,你为什么一再坚持念紧箍咒?

唐僧:悟空本是聪明能干之人,但他自恃才高,目中无人,从来不把我放在眼里,多次与我唱反调,没有组织纪律组织原则,这种人不给他点颜色看看,他是不知好歹的。而八戒就懂事得多,紧跟领导,拥护领导,从不与领导唱反调,理解领导的难处。八戒将来一定官运亨通,前途无量。

记者:许多人都弄不明白,你见到高老庄的高小姐、白骨精变的美女、女儿国的佳丽等等,难道就未曾心动吗?

唐僧:实不相瞒,本人也是人,并非草木,也有七情六欲。我当时的人生抉择是:先不拈花惹草,应先捞名声争地位,等出名后,天下美女不就应有尽有了么?我刚回国几天,皇上就恩准了百余名美女侍奉我,我也够享福了。阿——弥——陀——佛。

记者:……

唐僧:……

记者:唐师傅今后有何打算?是否想进一步光大佛教文化?

唐僧:佛教文化博大精深,能弄懂的人寥寥无几,我也不想做无用功。决定一切从实际出发,实施四项计划,我已奏明皇上了。一是在火焰山处修建"西天佛教文化影视城",以此带动经济发展;二是在原西凉女儿国修建"女儿国情人度假村",搞旅游开发;三是成立"唐僧肉"美食连锁集团,满足人们好吃的需要;四是出一套随想杂感丛书《取经岁月》(共18册),由当朝皇上李世民作序,发行量有望突破10亿册大关。当然,我不纯粹是为了赚钱,而是想怎样活着才有意义。

采访结束时,唐师傅特别声明,他的话全是肺腑之言,完全是实话实说,希望对人们有所启发。

(截至记者昨天发稿时,又得一消息:唐太宗已授予唐玄奘"最有头脑最有发展潜力专家"的荣誉称号。有关唐僧的举措,我们将及时跟踪报道。)

【简　评】
jian　ping

　　作者展开丰富的想像和联想,以采访问答的形式再现了"唐僧"这一人物形象,辛辣地讽刺了当今社会的一些不良现象。本文在内容和形式上都有创新,语言精练老到,诙谐幽默,这些都是值得同学们学习和借鉴的。

浊与清 / ··· 贾宝玉

　　有的时候,觉得人类是这世界上最卑贱的生物,特别是在感情方面。因为除人以外的大多数动物它们都有固定的发情期, 也就是一年中的那么几天——惟独人类,三百六十五天里天天都能萌生新的感情,所以我常希望自己能成为一只没有灵性的兽类,那样我便不会在这不合时宜的"初冬时节"为感情所累了……

　　确切地说,她的形象在一般人看来,算不上漂亮的那种,但在我的感觉来讲,却正好暗合了我心里对异性的各项标准。于是我常常像郁达夫先生那样在自我的世界里想入非非,但我却没有他那般幸运,郁先生脑中的非分之想都是对只有一面之交的女性,然而对我而言,面对一个天天见面的女孩子,这种感觉便上升到对自己的一种折磨了——我时常骂自己没出息, 但好像我的内心世界对我大脑的提醒置若罔闻,这种折磨非但没有丝毫的减弱,反而愈加强烈起来——

　　唉……

　　当夜幕降临,我一个人躺在床上的时候,眼前便浮现出她的样子,我知道这是一份没有结果的付出, 也常常告诫自己——"不就是一个普通的女生吗,有什么可值得喜欢的?"但事情总是朝着你所希望的方向反向发展,我总是越来越深地发现,原来她的一切我都爱屋及乌。从她的着装到她的声音,还有她那飘飘悠悠的眼神，仿佛都印在了我的脑髓中——她是第一个让我在对她说话时心跳的女孩。我现在越来越感到对命运的恐惧了，因为这样一个特定的历史环境似乎不允许我的右脑在情感的领域里开辟分支，更何况还是单相思。然而我却如此的不争气，在一种时而混浊时而清醒的世界里挥霍着自己的生命，为什么会这样……

我愈发盼望自己能成为一只没有魂灵的野兽了。

【简 评】
jian ping

人都是有感情的，特别是少男少女那种异性之间的朦胧的爱，是正常的，不必惊慌，也不必过于自责。本文作者将"单相思"刻画得淋漓尽致，读后真有意犹未尽之感慨。

该不该？／···张晓静

面对着那张皱巴巴的检讨，她陷入了深思。眼前，字迹开始跳跃。虽然泪水浸湿了检讨，却仍抹不去她脑中那清晰而酸楚的回忆。

本来，她很纯洁、活泼，有着远大的理想。只是那次，仅仅因为他对她说了三个单词，开朗的她一下子有了转变，变得有些迷惘、不知所措……

显然，这是她没料到的，因为她从来没想过这些事；这也是她所不想的，因为谁都知道，发生了这种事并不光彩。但是她越惦记着这件事，越有一种力在推着她。难道这就是初中生的成熟？难道这就是花季的骚动？她不敢再去多看一眼那张纸条,也不想让别人发现。于是,在寒风中,她将那张纸撕得粉碎,碎片被风吹得好远好远……

他还在继续向她写着"表白书";并且他的"表白"一次比一次让人受不了。她开始感到了"窒息"——她有些支撑不住了!她觉得自己从来没有如此的累。她变了,变得忧郁、多愁善感了;变得冷漠、少言寡语了……终于,她提起了笔,给他回了第一张字条,但也是最后一张。当然,她是怀着忐忑不安的心情给他写的。

面对那一行行冷冰冰的字迹,那一句句无情的语言,他既伤心又失望。不过,他还是不死心。他很自信,哪怕还有一丝希望,他也决不会放弃!

"世界上没有不透风的墙"——这句话的确没错。当她踏进办公室的门槛时,她就感到了厄运的降临:怎么,害怕了吗?害怕了当初就不该去理他,就不该给他回那张纸条?!这下可好了,说不清道不明,跳进黄河也洗不清……

她不知道自己是怎么走到那张熟悉的办公桌前的。

"你怎么回事!作为一名尖子生,老师们信赖的好学生,班主任可靠的班干部,怎么能干出那种事!像你这样,不仅在班里,而且在全校都是很有威信的学生,一旦名誉受损,今后怎么在学校里立足呢?……"她听不下去了,当然她也没做解释,因为她知道,此时,班主任是不会相信她的。她的解释只会使班主任对自己更加怀疑、反感。桌子开始发潮了,不知是她的泪水,还是班主任的茶水。班主任的话仍旧那样不留情,刺耳中夹杂着不满。她不愿与班主任那冷得让人发抖的目光碰撞。"回去写一份检讨,好好反省反省。"她终于得到了暂时的解脱,一步步迈向了门口。泪水模糊了眼前的一切,她看不清脚下的路,她突然感觉到了前途的迷茫……

风儿轻轻地抚着她柔顺的短发,温柔中带着几分凄凉。她不禁打了个寒战……"嗯!——你们第一节晚自习是什么?"突然,对面传来一个熟悉的声音。是他!他在面带微笑地看着自己。她一下子想起了她最讨厌的两个字眼:检讨!她很想友善地对他笑一下,但怎么笑得出来呢?谁让他给自己出了那么多"难题"?于是,她只是微微地抽动了一下嘴角,说了一句连她自己也听不清的话:"地理。"显然,他也没听清,因为她是边走边说的。

终于躲开了那个可怕的时刻。她的心又开始剧烈地跳动:该不该理他?他会不会以为自己对他产生好感?万一再被哪个同学看到了又上班主任那儿打"小报告"怎么办?……她的脑里乱成了一团麻,剪不断,理还乱。好不容易,她才理清了头绪:那就是给班主任写她初中以来的第一份检讨。也许这是她此时感到压力最小的事了。

"班主任：

我……"

很显然，这份检讨也不是好写的，才写了四个字，她就提不起那支沉重的笔了。因为她并不是和那个男同学有什么见不得人的事，而且是他缠着自己不放，才引起同学们的议论，班主任的怀疑……

我怎么了？我到底犯了什么错？我为什么要背那口黑锅，写那份不光彩的检讨？她心里愤愤不平，但班主任的"铁石心肠"又让她无可奈何。有什么办法呢？多数胜过少数，谣言也变成真理。即使她把嘴皮子磨破了，对班主任来说也是无济于事。迫于无奈，她只好写了一份"假检讨"，一份决定她今后的名声，决定她将承受别人误解的巨大压力的"假检讨"！

那张检讨已是泪痕斑斑，皱巴巴地躺在她手心里，她感觉到了这张纸的沉重。她收起了回忆。茫然地走向了办公室。她在想：该不该就这样在谣言面前低头？该不该就这样轻易地把检讨送给班主任？要知道她是无辜的。可是她已经向办公室的方向迈步了。她在那个十字路口徘徊着……

她这次终于真正体会到了被人误解的痛苦，她不再单纯，她开始走向了成熟；她终于发现自己以前是那样无知，没有看透人生的坎坷；她不再幼稚，她开始走向成熟；她也终于知道生活中的挫折是不可避免的；她不再困惑，她开始走向成熟。同时，她也在扪心自问：我被绊到了吗？前方还有什么样的暴风骤雨、滔天巨浪等着自己去拼一拼呢？还有什么样的艰难险阻、虎口难关等着自己去闯一闯呢？不行，自己一定要坚强，一定不能就这样倒下！

她将检讨撕了，像那次一样，碎纸片仍被风吹得好远好远。她不再犹豫，空着双手，走向了办公室……

【简 评】 jian ping

本文作者主要采用细腻的心理描写，回忆了自己因被误解成早恋而被批评的事，她痛苦过、彷徨过，但通过这段经历，经过认真思考，使自己更加走向了成熟。文章的语言于率真中透着质朴，深沉中流露忧郁。主要也是告诫所有的花季少年，中学阶段的主要任务是学习，成长中当然会经历许多的坎坷与磨练，但一定要谨慎地把握住自己人生的舵把，驶向一个美好的、成熟的明天。

曾经的真实

岁月卷

只有真人，才会有真的生活，才会有真的思想

从平静的语言中体会历史的内涵

指缝间溜过多少岁月

秋雨中淋湿多少记忆

尘埃中淹没多少欢乐，

微风中飘过多少往事，

再回首,满阶都是喟叹……

快乐阅读
kuai le yue du

是秦桧害了岳飞吗？／···林 非

　　在杭州的岳飞墓前,跪着秦桧夫妇等四个铁铸的人像,都反剪着双手,垂下了罪恶的头颅。多少游人路过他们面前时,都会投出轻蔑和仇恨的一瞥,有的还高声咒骂起来,甚至伸出手掌,狠狠地敲打着他们狰狞的脸庞。

　　秦桧杀害岳飞的故事,在中国的土地上几乎是家喻户晓的。然而,岳飞在当时也是地位极高的重臣,被称为是南宋高宗皇帝赵构的爱将,对于这样一位叱咤风云的同僚,秦桧之流怎么敢于又怎么能够轻易地下手,而且还居然会如此顺利地得逞呢？似乎是很少有人去思索这个问题。首先是不会思索,在几千年来专制主义文化传统的束缚、蹂躏和控制底下,绝大多数的人们只敢于服从和重复由朝廷或大儒所详细制定的思想,养成了人云亦云的习惯,却无法发表自己的见解,更无法系统地发扬具有独创性的主张了;其次是如果想到秦桧没有这么大的权力和胆量去杀害岳飞,那么就只能想到他头顶上的人了,这还了得,不是就怀疑到极端神圣的皇帝头上了吗？按照专制主义的传统文化学说,皇帝是受命于天,来统治普天之下的臣民,是无比崇高和永远正确的,谁敢去怀疑这一点,那简直是罪大恶极,当然极少有人会像是吃了虎豹和熊罴的胆,往那牛角尖里面去钻的,这样不是傻乎乎地犯了死有余辜的思想的罪孽？于是就被迫着到此为止不再考虑了。正是此种专制主义文化传统的深厚影响,锤打得多少中国人都养成了中庸之道,绝不冒险,从而缺乏独立思考和追求真理的精神。

　　话虽然是这么说,但是在此种安于平庸的氛围底下,在一部中国文化史上还是涌现过不少杰出的人物,他们写出了闪烁着灿烂光芒的文字,抚慰和鼓舞着也在迷茫的暗雾中摸索与追求的后人。前面不是说过很少有人敢去思索赵构下令杀害岳飞的罪责吗？其实在岳飞墓前的廊庑中间，那一长串排列着历代名人题咏的碑帖里面，就镌刻着明代大书画家文征明的一首《满江红》。这首词竟鞭辟入里地剖析了赵构所以要处死岳飞的阴暗、狠毒与卑鄙的内心："念徽钦既返，此身何属？"如果岳飞率领的常胜军始终是如此的势如破竹，很快就直捣黄龙的话，当过皇帝的父亲和兄长当然会被解救回来，哪里还轮得上自己掌握生杀予夺的绝对权力，享受天上人间的荣华富贵？文征明对于赵构的心理分析应该说是一针见血的，尽管他论列史实时尚稍欠严密的考核，其实当岳飞率军在朱仙镇获得大捷，威震中原，准备长驱北上时，徽宗赵佶已经死去有五年之久，孤魂焉能南旋，已不存在他回朝和复辟登位的可能。击中要害的是钦宗赵桓如果回来的话，自己的政权就存亡未卜了，怎么不叫他心惊肉跳。为了保住帝位，为了阻挡赵桓归来，捍卫着半壁江山的大臣岳飞，自然就成了妨碍着满足一己私欲的大罪人，自然就要除去这心腹大患，于是岳飞的惨死就成为必然的事情了。文征明说得多么符合赵构的心理，多么符合历史的真实，"笑区区一桧亦何能，逢其欲。"

有多少游逛和瞻仰过岳飞墓的人们，往往在秦桧这几个奸贼的铁像前面勃发出满腔的正义感，却也许从未瞧见过这附近廊庑中间文征明的《满江红》，也许是瞧见了也很难认同与共鸣。因为只有通过系统的艰苦思索，才可能冲破传统观念的藩篱，粉碎奴性主义崇拜的精神枷锁，充分认识到在通常情况下，封建帝王才是专制主义独裁统治的罪魁祸首。

在弥漫着奴性主义的帝王崇拜氛围中，文征明的见解确实是万分杰出的，洋溢着思索的豪情与勇气。另外也说明了并非每一个专制帝王都心胸狭隘，疑神疑鬼，说旁的皇帝坏话，跟我又有何干？更宽宏大量的是只要拥护自己的统治，就是当面指斥自己的毛病也都能够允许。文征明确实是碰上了比较宽容的气氛，写一首这样的词就不会有任何的危险。而如果他碰上了一个残酷和严厉的专制帝王，这心事重重和灵魂狠毒的寡头，总是害怕被人篡位，于是对老百姓的思想控制和任意惩罚，达到异常严酷和荒谬的程度。这对于当时来说是屈死了不少无辜的臣民，更为严重的还是造成了延续许久的消沉的社会风气。像清代的文字狱就整肃得人们唯唯诺诺，不敢抒发和坚持自己的见解，变得精神萎靡，思想萧瑟，贪生怕死，苟延残喘，哪儿还敢挺住刚直不阿的骨气，发挥特立独行的智慧？这样一种万马齐喑的局面，就造成整个民族在沉寂无声中衰颓下去了，因此可以说大规模地制造文字狱的康熙和乾隆这两个皇帝，尽管他们建立了某些显赫的功绩，然而在上述这个重要的方面，无论如何应该说是历史的罪人。文征明幸亏未曾碰上这样的朝代，平安地度过了一生，真是值得庆幸的。

说起来得让人捏一把汗的，是有很长一段时间生活在康熙年间的启蒙主义文学家廖燕，在《高宗杀岳武穆论》这篇杂文中，竟如此尖锐地指出，秦桧所以敢用"莫须有"的理由"杀戮天子之大臣"，正因为此乃是"上意也"，高宗才是"千古之罪人"，而他只是"高宗之刽子手耳"。廖燕也像文征明那样指出了这个惊人的结论："高宗欲杀武穆者，实不欲还徽宗与渊圣也"，他甚至还进一步指出赵构这样做，是"实欲金人杀之而已得安其身于帝位也，然则虽谓高宗杀武穆即弑父弑君可"。赵构无耻地杀害岳飞，是为了杜绝战胜金国的可能，从而杜绝赵桓南归和复辟的可能，为了一己的私欲，竟做出如此伤天害理的坏事，竟可以将多少百姓抛弃于奸淫掳掠和肆意屠戮的沦陷之中，竟可以置国家的命运于不顾，实在是太丑恶和卑劣了，也实在是罪孽深重得无可复加。不过说他想"弑父弑君"却并不合乎事实，因为他的父亲早已病故，而他的兄长则是掌握在金国手中的一张王牌，赵构深知对方是绝不会轻易将其杀死的。

不管怎么说，廖燕如此桀骜不驯地议论受命于天的帝王，在大肆制造文字狱想把黎民百姓震慑得匍匐跪拜、吓唬得胆战心惊的皇帝看来，实在是大逆不道得很，还担心他会不会透过那些胡言乱语的历史掌故，对列祖列宗或自己的行径有所影射，只要沉溺于此种捕风捉影的鬼祟心态中不能自拔，那就是风马牛不相及的事儿，也都会严丝合缝地黏连在一起，真是欲加之罪，何患无词，这自有御用的文人来做洋洋大观的文章。不过廖燕却并未受到惩罚，总是瞧见过他文章的人们并未深入采纳和揭发请赏的缘故，才侥幸地逃过了文字狱的罗网。

文征明和廖燕这个直指赵构罪恶用心的结论，剥落了君皇神圣的虚假光圈，确乎是发人深省和启人沉思的，然而如果多少年来长期形成的整个奴性崇拜的气氛，并未得到很好澄清和消除的话，这黄钟大吕似的声音，也未必能够震响每个人的心灵，这就可见提高现代文明的素质是多么紧要的工作。

站
在
历
史
的
枝
头
微
笑

与你共品
yu ni gong pin

　　本文选自《天火》，作者林非。本文材料详实，论据充分，论述鞭辟入里，有理有据，既鲜明地分析清楚了杀害岳飞的真正罪魁，也指出了岳飞被杀的原因。并由历史可联系到现实，指出加强和提高现代文明素质的重要性和紧迫性。

　　文章文笔流畅，语言犀利，具有很强的时代感和针对性，读后发人深省，引人深思。

个性独悟
ge xing du wu

　　★游人路过秦桧夫妇的铸像时，都高声咒骂、狠狠地敲打他们狰狞的脸庞，这表明了什么？

　　★"秦桧杀害了岳飞"，这在中国的土地上可谓是家喻户晓，然而没有皇帝的同意，想来秦桧是无论如何也杀不了岳飞这样的地位极高的朝廷重臣的，可为什么没有人斥责皇帝呢？

　　★赵构为什么同意杀岳飞，对此，文征明和廖燕是分别如何评论的？

　　★很多中国人"都养成了中庸之道，绝不冒险，缺乏独立思考和追求真理精神"的原因在于何处？

　　★康熙、乾隆这两个皇帝为什么要大搞"文字狱"，其险恶用心何在？

　　★作者说，人们往往在秦桧这几个奸臣的铁像前勃发出满腔义愤，却从未瞧见文征明的《满江红》，也许瞧见了也很难共鸣或认同，这是因为什么呢？

快乐阅读
kuai le yue du

巍峨与卑微／··· 王开岭

自"反右"到"文革"的几十年,既是"人治"取代"法治"、"语录"压倒"民主"、"个人权威"淘汰"集体领导"的过程,又是中国知识分子空前规模的"脱胎换骨"、丧失尊严的屈辱史。在这座受"改造"和"再教育"的弱势部落中,自贬自损最厉害、领袖崇拜最动情、个体价值流失最惨的——无疑当属那位级别最高的知识代表——郭沫若先生。

1966 年 4 月 28 日,《光明日报》在《向工农兵群众学习,为工农兵群众服务》的大标题下,转引了郭先生不久前在人大常委会上的一段沉痛表白——

"……几十年来,一直拿着笔杆子在写东西,也翻译了一些东西。按字数来讲,恐怕有几百万字了。但是,拿今天的标准来看,我以前所有写的东西,严格地说,应该全部把它烧掉,没有一点儿价值。……我自己就是没有把毛主席思想学好,没有把自己改造好。我感到很难受……"

如果不是白纸黑字,谁会轻信这竟出自一位大师级文豪之口呢?如果连当年的《凤凰涅槃》、《屈原》都"没有一点价值","应该烧掉"的话,莫非惟有"毛主席啊,你是我们心中最红最红的红太阳／我们祝愿您万寿无疆/万寿无疆"这样的"诗"才配得上所谓"价"和"值"吗?

1973 年,毛泽东对《十批判书》(郭在 20 世纪 40 年代的历史著作)刚刚暗露出异议,这位 81 岁的老人立即赋诗:"《十批》大错明如火……"《郭沫若传》一书的作者曾打过这样的比方:他成了一只总是高昂着头的"雄鸡",由于形成了条件反射,只要一见到"太阳",马上引吭高歌,一遍遍地对之颂唱——

难怪阳光是加倍地明亮
机内机外有着两个太阳

(《题毛主席在飞机中工作的摄影》)

在今天我们有两个太阳同时出现
一个在头上,一个是在天安门前

(《歌颂群英大会》)

　　这还是那位呐喊"我是一条天狗呀/我把日来吞了,我把月来吞了"的《女神》作者吗?人啊人,为什么把自个儿作践得如此卑微不堪?究竟什么原因使得一匹骁勇桀骜的"天狗"蜕变成了一只驯良萎缩的"地鸡"?

　　我们没有太多的理由怀疑郭氏的人格,惟一的解释只能是:他丧失了一个真正知识分子的立场、品质、清醒意识和行为能力,其生命世界里已不存在独立与自由的字眼, 而完全被威权时代的政治图腾之烈光给震慑住了,笼罩住了,就像阴魂附体一样,他变成了另一无法自持、不可理喻的"他在"……或许,他开始时亦曾对自身的"异化"存有恐惧和本能的抵御,但很快就说服了自我,令己不再怀疑,并狂热地膜拜上了对方,至死不渝……

　　在这种魔幻销魂的"太阳能"下,"个人"熔化得无影无踪,"权利"、"民主"、"自由"、"宪法"、"生命尊严"……一切理性的正常的元素都被消解了、飘散了,荡然无存。所有个体的生命都陷入瘫痪,都沉浸在欲罢不能的"自我牺牲"之中。

　　只有仰望。只有癫狂地仰望,笃诚地神往,迷醉地翘首,牙疼似的"幸福"呻吟。

　　在此"周身麻醉"状态,人几乎感觉不到处境的尴尬与可怜,觉不出生命的渺小和悲剧性,相反会浮现一种"无私奉献"和"自崇高"的上升的皈依幻觉……

　　愚忠首先是让人深深自卑,然后嫌弃自我,进而追求"忘我",最终竟以彻底的"无我"为荣光,为道德胜利起来。(所谓将有限的"小"融入无限的"大"即属此意)其实这只是"太阳宗教"的胜利,是"神话"而非"人"的胜利。

　　郭沫若甚至在被迫祭牲了亲生骨肉之后,仍未减弱对 "太阳"圣像的膜拜——

　　1968 年 4 月 19 日,爱子郭世英在农业大学遭造反派绑架,命运难卜。于立群(郭夫人)一再请求丈夫将此事转告周恩来(当晚,郭正好应邀出席总理举行的一个宴会),请之设法帮助营救。然而,在宴会上,郭的位置虽然就安排在总理身边,但他硬是咬紧牙关,对此事只字未提。一周之后,世英的尸体回到了家中,他被造反派从楼上抛下摔得肝脑涂地……面对妻子的悲愤指责,郭沫若只是沉默、沉默,末了挤出一声叹息:"我也是为了祖国好啊。"

　　可这样的"祖国"又能好到哪里去呢?"文革"开始尚不到两年,诗人最疼爱的两个儿子即双双撒手离去——早在郭世英罹难前一年,即 1967 年春,其弟民英就因不适形势而患精神分裂症自杀。

据记载,从儿子遇害的那天起,郭沫若经常伏在案头,颤抖着手,用毛笔工工整整抄写儿子的日记,整整抄了八大本。直到去世,它们一直存放在老人的案头。

谁也无法想像老人抄写时的那份内心充满了怎样的凄凉与难言惨痛,流淌过多少浑浊的恸泪……但有一点几乎可以确认,家庭的惨变并未动摇他对领袖和"文化大革命"的看法,可以说,当年的那句"我也是为了祖国好啊"确是其发自肺腑的真言……否则,1976年5月他就不会激动地写下《水调歌头·庆祝无产阶级文化大革命十周年》那样的人生大败笔了,否则,他也不会给妻子和剩下的孩子们留下这样的遗嘱:"毛主席的思想比天高,比海深。照毛主席的思想去做,就会少犯错误。"

真正的精神悲剧或许就在这里。就在这种"至死不渝"、"无私无悔"的殉葬精神和道德神话中,既"轰轰烈烈"、"慨歌高蹈",又"鬼使神差"、"醉生梦死"、"阿Q胜利法"。既暗怀"太阳"底下的自惭形秽,又靠"热望太阳"、"享受光芒"而身披巨大的"幸福"和"喜悦",荣膺心里的优越和意志上的满足。

中国的文人的确都太像"阿Q"了。明明没有尊严,却靠一点点乞来的施舍和恩典获得了荣光,维持着小小的自慰和脸面。明明丧失了价值,却能从捐献灵魂器官的匍匐和叩首中体验出"牺牲"的快感与高潮……

从一个人,看一个民族;从一宗身世,看一部历史……在很多时候,很多时代,我们不仅习惯了自卑,习惯了割让各种天然权利和尊严,而且还为这自卑找出了许多理由、借口或精神的逃法来。我们的生命和理想被自己的弱点所误引,被更大的社会劣性所欺骗,所猥亵。

与你共品
yu ni gong pin

本文选自王开岭《黑夜中的锐角》。文章既有记叙,又有议论。文中的叙述让人动容,议论更是引人深思。在那个黑白颠倒的年代里,人们的心灵、思想都被扭曲了,一代文豪的郭老,最后自演了一出令人感慨的悲剧。这不仅仅是郭老个人的悲剧,更是一出历史的悲剧。从他的身上,我们更多的是反思着那段历史,也反思着我们这个民族。此文留给读者的是深深的思考。

个性独悟
ge xing du wu

★文中与"骁勇桀骜、驯良萎缩"分别照应的句子是什么?

★文中与"愚忠首先是让人深深自卑,然后爆弃自我,进而追求'忘我',最终竟以彻底的'无我'为荣光,为道德胜利起来"一段话相印证的句子是什么?

★文中最能印证"郭沫若甚至在被迫祭牲了亲生骨肉之后,仍未减弱对'太阳'圣像的膜拜"的一个句子是什么?

★诗人最疼爱的两个儿子双双撒手离去之后,他是用怎样的方式寄托自己的哀思的?

★最能反映"家庭的惨变并未动摇他对领袖和'文化大革命'的看法"的句子是什么?

快乐阅读
kuai le yue du

北大忆旧 / ··· 张中行

一

　　一般人谈起北京大学就想到蔡元培校长,谈起蔡元培校长就想到他开创的风气——兼容并包和学术自由。课堂,由宗周的国子学到清末的三味书屋,规矩都是严格的。北京大学的课堂却不然,事实上总是可以随随便便。说得鲜明一些是:不应该来上课的却可以每课必到,应该来上课的却可以经常不到。

　　先说不应该上课而上课的情况。这出于几方面的因缘和合。北京大学不乏名教授,所讲虽然未必都是发前人之所未发,却是名声在外。这是一方面。有些年轻人在沙滩一带流浪,没有上学而同样愿意求学。还有些人,上了学而学校是不入流的,也愿意买硬席票而坐软席车,于是都踊跃地来旁听。这也是一个方面。还有一个方面是北京大学课堂的惯例:来者不拒,去者不追。且说我刚入学的时候,首先感到奇怪的是同学间的隔膜。同坐一堂,摩肩碰肘,却很少交谈,甚至相视而笑的情况也很少。这由心理方面说恐怕是都自以为有一套,因而目中无人。但这就给旁听者创造了大方便,因为都漠不相关,所以非本班的人进来坐,就不会有人看,更不会有人盘查。常有这样的情况,一个学期,上课常常在一起,比如说十几个人,其中哪些是选课的,哪些是旁听的,不知道;哪些是本校的,哪些不是,也不知道。这模模糊糊,有时必须水落石出,就会近于笑谈。比如刘半农先生开"古声律学"的课,每次上课有十几个人,到期考才知道选课的只有我一个人。

再说应该上课而不上课的情况。据我所知,上课时间不上课,去逛大街或看电影的,像是很少。不上有种种原因或种种想法,比如有的课,上课所讲与讲义所写无大差别,可以不重复;有的课,内容不深,自己所知已经不少;等等。这类不上课的人,上课时间多半在图书馆,目的是过屠门而大嚼。因为这样,所以常常不上课的人,也许是成绩比较好的;在教授一面,也就会有反常的反应,对于常上课的是亲近,对于不常上课的是敬畏。不常上课,有旷课的处罚问题。学校规定,旷课一半以上不能参加期考,不考不能得学分,学分不够不能毕业。怎么办?办法是求管点名(进课堂看座位号,空位画一次缺课)的盛先生擦去几次。学生不上课,钻图书馆,这情况是大家都知道的,所以盛先生总是慨然应允。

这种课堂的随随便便,在校外曾引来不很客气的评论,比如,北京大学是把后门的门槛锯下来,加在前门的门槛上,就是一种。这评论的意思是,进门很难。但只要能进去,混混就可以毕业,因为后门没有门槛阻挡了。其实,至少就我亲身所体验,是进门以后,并没有很多混混过去的自由,因为有无形又不成文的大法管辖着,这就是学术空气。

记得是1947年或1948年,老友曹君来串门,说梁思成在北大讲中国建筑史,每次放映幻灯片,很有意思,他听了几次。下次是最后一次,讲杂建筑,应该去听听。到时候,我们去了。讲的是花园、桥、塔等等,记得幻灯片里有苏州木渎镇的某花园,小巧曲折,很美。两小时,讲完了,梁先生说:"课讲完了,为了应酬公事,还得考一考吧?诸位说说怎么考好?"听课的有近二十人,没有一个人答话。梁先生又说:"反正是应酬公事,怎么样都可以,说说吧。"还是没有人答话。梁先生像是恍然大悟,于是说:"那就先看看有几位是选课的吧,请选课的举手。"没有一个人举手。梁先生笑了说:"原来诸位都是旁听的,谢谢诸位捧场。"说着,向讲台下作一个大揖。听讲的人报之以微笑,而散。

二

点滴一谈的是红楼散漫的一面。还有严正的一面,也应该谈谈。不记得是哪位先生了,上课鼓励学生要有求真精神,引古希腊亚里士多德改变业师柏拉图学说的故事,有人责问他不该这样做,他说:"吾爱吾师,吾更爱真理。"红楼里就是提倡这种精神,也就真充满这种空气。

举两件为例。一次是青年教师俞平伯讲古诗,蔡邕所作《饮马长城窟行》,其中有"枯桑知天风,海水知天寒"两句,俞说:"知就是不知"一个同学站起来说:"俞先生,你这样讲有根据吗?"俞说:"古书这种反训不少。"接着拿起粉笔,在黑板上写出六七种。提问的同学说:"对。"坐下。另一次是胡适之讲课,提到某一种小说,他说:可惜向来没有人说过作者是谁。一个同学张君,后来成为史学家的,站起来说,有人说过,见什么丛书里的什么书。胡很惊讶,也很高兴,以后上课,逢人便说:"北大真不愧为北大。"

据说是对于讲课中涉及的某学术问题,某教授和某同学意见相反。这只要能够相互容忍也就罢了;偏偏是互不相让,争论起来无尽无休。这样延续到学期终了,不知教授是有意为难还是选取重点,考题就正好出了这一个。这位同学自然要言己之所信。教授阅卷,自然认为错误,于是评为不及格。照规定,不及格,下学期开学之后要补考,考卷上照例盖一长条印章,上写:注意,六十七分及格。因为照规定,补考分数要打九折,记入学分册,评六十七分,九折得六十分多一点,勉强及格。且说这次补考,也许为了表示决不让步吧,教授出题,仍是原样。那位同学也不让步,答卷也仍是原样。评分,写六十,打折扣,仍然不及格。还要补考,仍旧是双方都不让步,评分又是六十。但这一次算及了格,问为什么,说是规定只说补考打九折,没有说再补考还要打九折,所以不打折。这位教授违背了红楼精神,于是以失败告终。

三

再谈容忍。我是在中等学校念了6年走入北京大学的,深知充任中学教师之不易。没有相当的学识不成;有,口才差,讲不好也不成;还要有差不多的仪表,因为学生不只听,还要看。学生好比是剧场的看客,既有不买票的自由,又有喊倒好的权利。戴着这种旧眼镜走入红楼,真是面目一新,这里是只要学有专长,其他一切都可以凑合。自然,学生还有不买票的自由;不过只要买了票,进场入座,不管演者有什么奇怪的唱念做,学生都不会喊倒好,因为红楼的风气是我干我的,你干你的,各不相扰。举几件还记得的小事为证。

一件,是英文组,我常去旁听,一个外国胖太太,总不少于五十多岁吧,课讲得不坏,发音清朗而语言流利。她讲一会总要让学生温习一下。这一段空闲,她坐下,由小皮包里拿了小镜子、粉和胭脂,对着镜子细细涂抹。这是很不合中国习惯的,因为是老师,而且在课堂。我第一次看见,简直有点愕然;及至看看别人,都若无其事,也就恢复平静了。

另一件,是顾颉刚先生,那时候他是燕京大学教授,在北京大学兼课,讲《禹贡》之类。顾先生专攻历史,学问渊博,是疑古队伍中的健将;善于写文章,下笔万言,凡是翻过《古史辨》的人都知道。可是天道岔啬,与其角者缺其齿,口才偏偏很差。讲课,他总是意多而言语跟不上,吃吃一会,就急得拿起粉笔在黑板上疾书。写得速度快而字清楚,可是无论如何,较之口若悬河总是很差了。我有时想,要是在中学,也许有被驱逐的危险吧?而在红楼,大家就处之泰然。

最后说说钱玄同先生。钱先生是学术界大名人。早年在日本,也是章太炎的弟子。他是师范大学教授,在北京大学兼课,讲“中国音韵沿革”。钱先生有口才,头脑清晰,讲书条理清楚,滔滔不绝。我听了他一年课,照规定要考两次。上一学期终考,他来了,发下考卷以后,打开书包,坐在讲桌后写他自己的什么。考题四道,旁边一个同学告诉我,好歹答三道题就交,反正没人看。我照样做了,到下课,果然见钱先生拿着考卷走进教务室,并立刻空着手出来。后来知道,钱先生是向来不判考卷的,学校为此刻一个木面,上写“及格”二字,收到考卷,盖上木戳,照封面姓名记入学分册,而已。这个办法,据说钱先生曾向外推广,那是在燕京大学兼课,考卷不看,交与学校。学校退回,钱先生仍是不看,也退回。于是学校要依法制裁,说如不判考卷,将扣发薪金云云。钱先生作复,并附钞票一包,云:薪金全数奉还,判卷恕不能从命。这次争执如何了结,因为没有听到下回分解,不敢妄说。总之可证,红楼的容忍风气虽然根深蒂固,想越雷池一步还是不容易的。

与你共品
yu ni gong pin

　　三组"点滴谈话"组成了我们梦中的北大:红楼散漫,严正求直,容忍气度。几位师长勾勒了我们心中的北大:梁思成、俞平伯、胡适之、外国胖太太、顾颉刚、钱玄同……这是辉煌的北大一角,它向世人展示着它特有的风格,也显露着它永久的魅力。

个性独悟
ge xing du wu

　　★为什么会有"不该来的每课必到"? 作者从哪几方面作了分析?
　　★钱先生的做法,你认同吗? 为什么?
　　★通过三个片段,你对北大有了怎样的认识?

快乐阅读
kuai le yue du

溪口百年事(节选)/···杨闻宇

　　清清剡溪水流出四明山的那个青幽幽的山口,便是窄窄矮矮的溪口镇。一百年前(1887 年),中国近代史上一个重要人物蒋介石降生于此,这个缘溪铺排的不起眼的小镇,也就越来越有了名气。

　　老蒋志在天下,他生命的根系却死死抠紧着这座小镇。他每逢受挫下野,或者清明扫墓,都要还乡小住,非同一般"衣锦还乡"。

　　西安事变中落荒逃命,老蒋翻墙时跌伤了腰椎,便回溪口养伤。套个钢架背心,还索性就半躺在他母亲的墓道里。墓道距小镇三华里,在白岩山鱼鳞的中垄。青松封裹,静谧至极。掠过白岩山脚下的石雕牌楼,沿着山道朝西北方向斜上十二里,便是溪口名胜雪窦寺,全名"雪窦资圣禅寺"乃天下神宗十刹之一。张学良在华清池扣住老蒋,要他更改"攘外必先安内"的"窝里斗"的国策;一回南京,老蒋突然翻回腕子,对张学良判刑十载,要他承受迫胁上官、谋图不轨的犯上罪行。元戎恩威,领袖尊严,昭告于世;随即就像老狼一样钻进墓道松林里自舔伤口,并将这个爱国的年轻将军囚禁于雪窦寺旁的小屋里,强迫他闭门思过。仿佛孙悟空与二郎神斗法似的,从西北一家伙搅到东南,双方按下云头,权且静下来了,却仍水火难容,心曲异调。结果演出了中国近代史上举世瞩目的戏剧性的一幕。

不管历史的戏剧如何充满乌烟瘴气,雪窦寺的景致却一直清丽迷人。寺院坐落在万山绝顶那块百余顷的小平原上,西近九峰环峙:玄珠峰、天马峰、象鼻峰、五雷峰、石笋峰……薄绿淡蓝,云缠雾绕,一峰比一峰俏丽。最突兀的那一座叫乳峰,腰际一石洞,泉水自洞中喷涌而出,色同雪乳,所以整个山就叫雪窦山。小平原收拢来诸峰流水,稍事积蓄,便要魔术似的在寺门正南不远处突然泼撒开一帘大瀑布。这便是名驰浙东的千丈岩瀑布。早在宋代,王安石对此便有诗为赞:"拔地万重青嶂立,悬空千丈素流分;共看玉女机丝挂,映日还成五色文。"

但,绝美的壮丽的瀑布,亦未必就能撼动冲刷张学良胸中郁结凝重的块垒。突然从戎马、闹市、兵戈、电文中被剔了出来,放进这个云雾流水,老松古寺的僻静深山,耳畔急促的电话铃声一下子换成了肃穆迟缓的木鱼晚钟之音,这个雄心万丈、敢于朝天上戳窟窿的年轻将军会是怎样一种心绪呢?志士仁人自有千古同叹;骚人墨客当可华章万千吧。只听说,他没心赏景,更没心读老蒋布置下的四书五经。在山寺前那两株四条壮汉也合抱不拢的白果树下却时时可见张将军伫立不动的魁梧身影。背寺面南,他总是凝望寺前那"含珠林"。

《雪窦寺志》记载:松岗下埋的是"冲天大将军"黄巢。一般史书认为黄巢被杀死在泰山的虎狼谷,野史则说那被杀者是个冒名顶替的假黄巢,真黄巢长驱远走,辗转到雪窦山埋名隐姓,削发为僧,"铁衣着尽着僧衣"了。山那边的驻岭村、小晦岭、大晦岭,据说都是黄巢当年起下的名儿。

往事越千年。巧合的是两位英雄都曾在古都长安摇撼得日月晃荡,天地战栗。可眼下,躺在墓道里的蒋介石是一面舔伤,一面默默算计着张学良;张学良面对这座饮恨千秋却终古冷寂落寞的黄巢墓,该想到些什么呢?他大概是忧烦至极,便缘着那汇合后的溪水走到千丈岩边,把和尚们端上来的半尺长的"天地响"雷子捏在手里点燃之后,朝那瀑布绽开处奋力地扔过去,凉森森的水雾雪浪中瀑开一团团硕大耀眼的金色花朵，炸裂开来的仿佛是壮志难遂的郁郁胆气，宣泄下去的仿佛是英雄失路的重重遗恨……今日的游客试揣摩当初日本侵略者踩躏中国土地的危难时节中发自这深山古庙前的奇异音响，也许会有人联想到李贺的诗句："女娲炼石补天处，石破天惊逗秋雨"。

雪窦寺山门有一块"四明第一山"的竖匾，那是蒋介石的手笔。蒋母王采玉和蒋的前妻毛福梅常常上山来拜佛诵经。蒋介石三次下野，也曾来古寺求签问卜。这样的神庙名刹，自有它义理精微的宗教故事。据云唐代寺内有个小和尚，每当清晨听见院内蚯蚓叫便须起床做课。山寺无鸡，蚯蚓比鸡叫还早。日子一长，贪睡的小和尚便嫉恨蚯蚓，便烧下一壶开水决心烫死它。方丈发觉了大为震怒，立命小和尚跳下千丈岩舍身赎罪。小和尚面对瀑布号啕失声不敢下跳。碰巧一个屠夫回家路过，盘问之后，跺脚长叹："我杀过三千头猪了，你一条蚯蚓还没我一根猪尾巴长，该我先跳。"说罢扔下杀猪挑子，一纵身跳了下去。突然间天地放亮，香风拂拂，闪闪金光里鼓乐齐鸣，只见那屠夫身骑白鹤徐徐升天。原来是天庭里怜悯小和尚苦苦修炼，特来接他，不料想却被杀猪的捷足先登了。——这就是盛传天下的"放下屠刀，立地成佛"的故事。不管蒋母、蒋妻拜佛时怎样虔诚，但蒋介石对这佛门真谛却别有参悟："屠夫也可登仙，胆大天下去得！"所以，老蒋一边杀人如麻，一边高唱领袖第一，领袖至上。

雪窦山是名山，剡溪水是清水，山水不管人间事，我却从这山山水水间依稀见到了历史老人严峻而慈祥的面影——你看：那清凌凌的剡溪水，它自乳峰山洞中酿出，绕过雪窦寺、黄巢墓，从千丈岩跃身之际又摄取了张将军洒下的"天地响"的明灿灿的火花，嗣后才静悄悄地流过蒋母墓庐，流过武岭公园，流过镇中街出生蒋介石的那个玉泰盐铺；说是无意，却又有意，这才似乎是在四明山里完成了某种使命似的缓缓然流出溪口镇，一路上抖动着清湛湛的波痕，径投东海而去……

与你共品
yu ni gong pin

溪口是蒋介石的出生地，溪口也因蒋介石生于此而闻名。《溪口百年事》的"百年"，既是概说，泛指时间之长，也是具体指蒋介石冥寿百年，溪口毕竟是因为有了蒋介石才越来越有名气的。溪口的百年事，也就是中国的百年事，作者写了溪口的名刹、名山、名瀑，写了活动在溪口的蒋介石和张学良，两人活动在溪口的政治舞台上，而这个舞台的大背景则是风起云涌的中国近代史。作者构思奇特，将孙悟空与二郎神的斗法，放了了山是名山的雪窦山，寺是名寺的雪窦寺，水是名水的剡溪水。作者采用两两对比，穿插山水的写法，将人物与山水有机结合起来。蒋介石的墓道自憩伤口，张学良闭门思过；蒋介石的算计忠良，张学良的面对饮恨千秋的黄巢墓两两对比的写来。作者又不失时机地放下历史的戏剧，颇有雅兴地介绍雪窦寺、千丈岩瀑布、含珠林和"放下屠刀、立地成佛"的故事，这些非一处闲笔，也非一处败笔，这些景物或首或尾都与人物紧密相连。

个性独悟
ge xing du wu

★"攘外必先安内"的"国策"的实质是什么？文中两处提及蒋介石"自舔伤口"，这是指什么说的？

★蒋介石强迫张学良"闭门思过"，蒋介石认为张学良"过"在何处？"演出了中国近代史上举世瞩目的戏剧性的一幕"指什么说的？为什么说是"戏剧性"的？

★第五段中的"志士仁人自有千古同叹；骚人墨客当可华章万千"是指什么说的？作者是怎样概括张学良军人生活的？

★第八段中小和尚听蛐蛐叫须起床做课，皆因山寺无鸡，有一句与之内容相似的成语是什么？蒋介石也信佛，但他对"放下屠刀，立地成佛"是怎样看待的？

快乐阅读
kuai le yue du

可怕可恶的曾国藩/··· 流沙河

　　回忆高小初中,国文教师选讲《曾文正公家书》,催人瞌睡,记不起讲些啥。校长每周训话,又抬出曾国藩大圣人做榜样,烦死人了。上个世纪40年代来成都读高中,《曾文正公家书》有廉价本,青年路书摊上摆着呢。本想翻翻,听同学说蒋委员长爱读此书,便决心不看了。50年代做了编辑,又听同志们说此书"反动透顶",想看看到底是如何反动,图书馆里没有了。跃入60年代,阶级斗争炮火连天,读了罗尔纲研究太平天国革命运动的一篇文章,才晓得曾国藩加冕了,是"现行反革命分子",觉得这顶帽子有趣。现今混到六十快退休了,突然瞥见湖南大学出版社精印的《曾国藩家书》,非常吃惊,买一本来瞧瞧。

　　瞧瞧之后,更加吃惊。好厉害哟,曾国藩之为人!

　　这家伙,上承三省吾身的祖训,下开自我批评的先河,时刻不忘修身养德,狠抓自己活思想,狠斗私字一闪念,堪作样板。不像我和我所见的一些人,自我批评挂在嘴上开会说说罢了,他有具体措施,落实在行动上。道光二十二年,他31岁,从十月初一那天起,灵魂深处爆发反革命,给自己订了个"日课册",名之曰《过隙影》(我联想起"文革"时革命者"过电影"),天天在上面写。写些啥?"每日一念一事,皆写之于册,以便触目克治。""凡日间过恶,身过、心过、口过,皆记出,终身不间断。"天天写《过隙影》不是为了发表,而是为了"念念欲改过自新"。《过隙影》必须字字写正楷,以示狠抓狠斗狠修养。不但写,而且做。十月初九日,也就是《过隙影》刚写到第九天,便猛省从前与小珊结仇怨,错在自己当初"一朝之忿,不近人情",是夜即到小珊住处"登门谢罪"。长谈之后,过了四天又请吃饭。"从此欢笑如初,前隙尽释矣。"想那《过隙影》中一定写有不少丑念丑事,此亦足见他的自我批评敢于刺刀见红。太可怕了,这老反革命,不,壮反革命!

　　这家伙,从战争中学习战争,吃一堑,长一智,败不馁,胜不骄,愈打愈顽强,一路攻下去。咸丰四年十一月,攻下黄梅县,逼近九江府,函告家人:"我现在军中声名极好,所过之处,百姓爆竹焚香跪迎,送钱米猪羊来犒军者络绎不绝。"如果此人热得发昏，太平天国就有希望。可惜他不发烧，仍然"寸心兢兢，且愧且慎"，"惟力尽人事，不敢存丝毫侥幸之心"。两月前奉旨署湖北巡抚，赏戴花翎，而"现在但愿官阶不再进，虚名不再张，常操此以无咎，即是持身守家之道"。第二年打败仗，回头整顿水师，以邵阳湖为根据地，"日日操练，夜夜防守"，"不敢片刻疏懈"。不时巡弋长江，隔断武汉南京两处的太平军，使之首尾不得相应。第三年，亦即咸丰六年，战局扭转，到处反攻。两个弟弟也上战场带兵打仗，凶猛异常。湘军名震东南，前景辉煌，他却函训二子："凡人多望子孙为大官，余不愿(尔等)为大官，但愿(尔等)为读书明理之君子。勤俭自持，习劳习苦，可以处乐，可以处约，此君子也。余服官二十年，不敢稍染官宦气习，饮食起居，尚守寒素家风，极俭也可，略丰也可，太丰则吾不敢也。"这时候南京城内那一群革命王侯在忙啥呢？在忙着建王府，筑侯宅，做礼拜，坐江山。广西大脚婆昔年生育的革命种子，恐怕早已养成小衙内了。天王洪秀全不时发神经，宣布昨夜梦见天父上帝怎么说，天兄耶稣又怎么说。东王杨秀清封了禾乃师，嫌九千岁少了不够用，要洪秀全给万岁。北王韦昌辉袭杀杨秀清，洪秀全又杀韦。翼王石达开全家被屠杀，不得不出走。对比两个阵营，站在革命那边，痛感到这家伙实在可怕可恶！

这家伙，身许社稷，魂绕家园，信函一封接一封地寄回湖南湘乡曾宅，给家人撞警钟。自身既为皇上侍讲学士，能通天了，深恐老父在家乡卖人情，诚以"莫管闲事"，嘱其谢绝一切请托。听说"父亲大人近来常到省城县城"替人说情，又赶快提醒他："此是干预公事！"朝廷将要委派新学官去长沙，又预先说明白："父亲万不可去拜他！"以上都是道光年间事了。咸丰四年四月，屡次挨打后，"幸湘潭大胜"，又函告家人："吾家子侄半耕半读，以守先人之旧，慎无存半点官气。不许坐轿。不许唤人取水添茶等事。其拾柴收粪等事须一一为之。插田莳禾等事亦时时学之。"两天以后，又嘱家中四位老弟勿来长沙军营找他，"但在家中教训后辈，半耕半读，未明而起，同习劳苦，不习骄佚"。同年九月，收复武汉有功，奉旨署湖北巡抚，赏戴花翎，又恐家人头脑发烧，赶紧提醒四位老弟："诸弟在家，总宜教子侄守勤敬。吾在外既有权势，则家中子侄最易流于骄，流于佚。二字皆败家之道也。万望诸弟刻刻留心，勿使后辈近于此二字，至要至要。"咸丰八年，在江西建昌行营时，又函促家中子侄读书，种菜，养鱼，喂猪。规定"后辈诸儿须走路，不可坐轿骑马"，"诸女莫太懒，宜学烧茶煮菜"。咸丰十年，奉旨署两江总督兼钦差大臣，功名到顶峰了，还在发愁："余家后辈子弟，全未见过艰苦模样，眼孔大，口气大，呼奴喝婢，习惯自然，骄傲之气入于膏肓而不自觉,吾深以为虑。"像他这样不近人情,悭头啬脑,吾蜀人所谓的老牛筋,可怕已极!

　　这家伙,不但严束家人,频撞警钟,而且狠抓九弟的活思想,及时做细致的思想工作(旁边有同志说:"反革命的思想工作!"我想也是)。九弟曾国荃咸丰六年率湘军3000入江西援吉安,由此登上战争舞台,同三年前的胞兄一样,做定了革命死对头,而且最后埋葬了太平天国。咸丰八年二月,国荃弟前线来信,诋上级长官为"傀儡膻腥之辈",不乐意听彼辈的指挥。国藩兄复函批评,说此语"已露出不耐烦之端倪",担忧"将来恐不免于龃龉",提醒他勿忘了去年所赠箴言。两月后又去函,说顷接别人来信"言弟名远震京师"。下一句就敲戒尺了:"盛名之下,其实难副!弟须慎之又慎!"同治元年二月,知悉国荃弟与同事关系紧张,又批评他只看见对方脸色凌厉,看不见自己的脸色同样凌厉。又举出他的来信"常多讥讽之词,不平之语",并指出他的随员和仆从在外面"颇有气焰",而他本人作何面目不言自喻。三月后又去函,责备他不太廉,指往年刮钱买田地一事,警告说:"若一面建功立业,外享大名,一面求田问舍,内图厚实,二者皆有盈满之象,全无谦退之意,则断不能持久。此余所深信,而弟宜默默体验者也。"不到一个月又去函,专谈听取批评,哪怕批评的不是事实,态度也得"抑然",不得"悍然",并提出"有则改之,无则加勉"八个字。这八个字后来被奉为革命队伍的金科玉律,我辈耳鼓膜都听起茧皮了,天哪,原来还是这家伙的语录!想起怪不自在!

　　这家伙,"抑然"了一辈子,毫无进取意识,常诵的格言是"盛时常作衰时想,上场当念下场时",常求的境界是"花未全开月未圆"。同治二年四月,知悉九弟升官,署了浙江巡抚,花似乎全开了,他怕,随即奏请自身两江总督钦差大臣两顶帽子分出一顶给别人戴,"将来遇有机缘,即便抽身引退"。同治三年七月,打下南京城,灭了太平军。两顶帽子之上又加封,他倒"弥增歉惊"起来。两年后,他55岁,上疏请求解除本兼各职,注销爵位,仅以退休人员身份"留营维系军心"。同时函训长子曾纪泽(此人后来成了能干的外交大臣):"读书乃寒士本色,切不可有官家风味!"次年函达太太欧阳氏:"居官不过偶然之事,居家乃是长久之计。"得失荣辱看淡了,打起仗来心不分,特别可怕可恶!

　　这家伙,体孔孟思想,用禹墨精神,操儒学以办实事,玩《庄子》以寄闲情,由封建文化培养见识,从传统道德汲取力量。也许厉害就厉害在这里吧?37岁跳升内阁学士,该享受绿呢车了,仍坐蓝呢车,补礼部侍郎缺,仍坐蓝不换,其慎可知。军务虽忙,"凡奏折、书信、批禀,均须亲手为之","每日仍看书数十页",其勤可知。两江总督卸任,工资尚结余2万两银,其俭可知。遗嘱不许出版文集,其谦可知。不但蒋委员长标榜过他,据《曾国藩家书·重印序言》说,青年毛泽东1917年也说过"吾于近人独服曾文正"。啊,这就更不得了啦!

与你共品
yu ni gong pin

　　流沙河是一个嬉笑怒骂皆成文章的作家。本文名曰《可怕可恶的曾国藩》,然则是反其意而用之也。他以一贯讽刺、揶揄、反语、冷嘲热讽的语言,向读者介绍、评价令人非常吃惊的、可怕可恶的"这家伙",行文貌似粗鲁了些,但骨子里对"这家伙"的敬佩是谁都能看得出来的。该文给我们呈现了一位"体孔孟思想,用禹墨精神,操儒学以办实事,玩《庄子》以寄闲情,由封建文化培养见识,从传统道德汲取力量"的曾国藩。这样的一个曾国藩对太平天国来说可怕之极,一人胜似十万精兵。曾国藩的历史功过这里不去评说,其历史功过与其书其人也算是两回事吧。曾国藩的这些做法想法,无疑为他的剿杀行为做了有力的保障。

个性独悟
ge xing du wu

　　★文中哪里表现了曾国藩"胜不骄,败不馁"?"胜不骄,败不馁"与"吃一堑,长一智"是一种怎样的关系?

　　★曾国藩对其九弟"频撞警钟",该段共举六例,请用简洁的语言概括每函是针对九弟哪些问题及倾向而谈的?

　　★本文开篇时说曾国藩"好厉害的",请用文中概括性的语言回答他的"厉害"之所在?怎样看待他的"慎"、"勤"、"俭"、"谦"?

快乐阅读
kuai le yue du

贬官滕子京 / ···王和声

> 庆历四年春,滕子京谪守巴陵郡。越明年,政通人和,百废俱兴,
> 乃重修岳阳楼······

重修岳阳楼的这一年是公元一千零四十五年。

岳阳楼地处江南水乡,洞庭之滨。而三年前,滕子京还在西北的甘肃泾州当他的知州。天苍苍,野茫茫,风吹草低见牛羊。那是个天高皇帝远,边关阻隔,动乱无常的荒蛮之地。这年九月,西夏大举攻宋,泾原副都部署葛怀敏、知镇戎军曹英会合各路兵马迎击。宁夏定川寨一仗,直杀得昏天黑地,血肉横飞。可怜葛怀敏、曹英等16员战将人掀马翻,肝脑涂地,血洒沙场,三军伤亡惨重。

滕子京镇守城池,手中兵卒无几,"乃集农民数千戎服乘城",又"会范仲淹引番汉兵来援。时天阴晦十余日,人情忧沮,宗谅乃大设牛酒迎犒士卒,又籍定川战殁者于佛寺祭醊之,厚抚其孥,使各得其所,于是边民稍安。"滕子京因守土有功,得以迁任庆州职。这是《宋史·滕宗谅传》,及《续资治通鉴·宋纪》上的记载。滕子京动用公款犒劳边关将士,祭奠英烈,抚恤遗属,应当说是于情于理的吧?这提着脑袋子的苦差,却给他落下了个"贪官"的罪名。事隔一年,便有郑戬、燕度等人弹劾滕子京滥用公款,"其间数万贯不明"。于是,"泾州过用公款案"闹得沸沸扬扬,轰动一时,因系满狱,连累者众。幸得欧阳修、范仲淹从中解释,方未处刑,仅贬官凤翔府,继而贬至虢州,接着就有了"庆历四年春,滕子京谪守巴陵郡"。

滕子京是背着沉重的十字架来到巴陵岳阳的。

岳阳这地方山重水阔,文渊灵毓,怎么就成了贬官们的钟爱之地?上自屈原数起,涉足岳阳的各朝名家大都是仕途坎坷,累有贬迹。无论去国怀乡,忧馋畏讥也好;心旷神怡,宠辱皆忘也好,只要贬官们踏上岳阳这块土地,总是文思泉涌,佳作迭出。

是洞庭山水抚慰了落魄的人生,还是人生的苦难打磨了岳阳的灵魂?这一拨拨朝廷的弃儿,将一串串热泪抛洒在岳阳楼头的时候,巴陵的山捧着它,洞庭的波含着它,分明就铸成了岳阳城头一块块苦涩的砖石,从屈夫子一直垒砌到今天。

那么,滕子京为岳阳留下了什么呢?

他留下了一座岳阳楼。

那古楼上写着"不以物喜"。他是不以物喜。他在岳阳的三年,做了些什么呢?承前制,重修岳阳楼;崇教化,兴建岳州学宫;治水患,拟筑偃虹堤。三年治政,成就三件大事,此君足矣! 同朝史学家司马光赞其在岳州"治为天下第一"。滕子京是完全有资本以物喜的,他却不能喜,"负大才,为众所嫉",他如何喜得!

古楼上还写着"不以己悲"。他又何尝以己悲之? 一个负罪的贬官,仕途的失意,人生的坎坷,要消沉当可消沉,论哀怨亦可悲之,而这位滕公却"居庙堂之高,则忧其民;处江湖之远,则忧其君",他是不喜不悲,不艾不怨,上任一年便"政通人和,百废俱兴",于治政是如此的投入,于黎民是如此的体恤! 此种襟怀,问谁领会得来! 当岳阳楼重修落成之日,滕子京也只是"痛饮一场,凭栏大恸十数声而已",可见其忍辱负重仍然勤于政绩的惨淡心境。男儿有泪不轻弹哪,这"凭栏大恸十数声"是何等的悲怆,何等的壮烈!

岳阳楼是重新耸立起来了。登楼一览,洞庭一湖,"衔远山,吞长江,浩浩汤汤,横无际涯,朝晖夕阴,气象万千。此则岳阳楼之大观也。"

然,设若没有滕子京重修岳阳楼,何来此大观? 没有滕子京重修书求记范仲淹,又何来"先忧后乐"的《岳阳楼记》传诸后世? 范仲淹是"先忧后乐"精神的宣扬者,滕子京何以不是这精神的践行者?

滕子京谪守岳州三年,于庆历七年初调任苏州,离开岳阳三个多月之后不幸病逝于苏州任所,时年56岁。《宋史》对他有这样的评价:"宗谅尚气,倜傥自任,好施与,及卒,无余财。"

无余财呀! 这便是一个受诬贬官的悲剧结局。更为可悲的是,当年弹劾滕子京的那个燕度,受命"勘鞫"此案,他的调查结果却是"滕子京所用钱数分明,并无侵欺入己"(《续资治通鉴·宋纪》)。内查外调,竟是儿戏一场,可怜滕子京们已是遍体鳞伤,欲哭无泪,小人却在一旁暗自窃笑。

滕子京的悲剧已经过去了近千年,办大事大错,办小事小错,不办事不错,不做事的整做事的,做实事者反遭诬,古今同理;"负大才,为众所嫉"还很盛行,我们能够指望新的悲剧不会发生吗? 范相滕公今安在? 于是,让我想起了刻在岳阳楼上的那半副楹联:范秀才,亦多事,数十年光景,甚么先甚么后,万家忧乐独关心!

与你共品
yu ni gong pin

　　本文是学习范仲淹《岳阳楼记》最好的辅助教材,也是解析《岳阳楼记》最好的一把钥匙。它让我们认识了范仲淹"先忧后乐"精神的宣传者、践行者滕子京。读过《岳阳楼记》的人,都知道有个叫滕子京的贬官,正如本文所引《岳阳楼记》全部涉及到滕子京的文字,可滕子京其人、其事、其风骨知其几何?读者或许以为因滕子京重修岳阳楼,才有了名传千古脍炙人口的《岳阳楼记》,而《岳阳楼记》才使得滕子京青史留名。应该说《岳阳楼记》是抒发抱负之作,也是劝箴友人之作,更是对滕子京度体量身之作,是贬官,是"负大才,为众所嫉"并做出优异政绩的贬官触动、感染了范仲淹,"同是天涯沦落人"的抒怀、理解与共勉。

　　本文将滕子京其史料和《岳阳楼记》之精髓融为一体,向读者展示了一位"先忧后乐"的楷模。

个性独悟
ge xing du wu

　　★文章开篇引《岳阳楼记》有何作用?作者细写滕子京"谪守"之前的事又有何作用?

　　★滕子京守土有功,奖;遭人弹劾一贬,再贬,三贬;调查结果"及卒,无余财"。请你以上述三点为例,谈一谈对中国封建社会政治制度、用人制度、贬官现象的认识?

　　★怎样理解"是洞庭山水抚慰了落魄的人生,还是人生的苦难打

磨了岳阳的灵魂？"滕子京"负大才，为众所嫉"，文中哪些文字表现了
他"负大才"？"为众所嫉"是一种什么现象？

★作者将千年公案重翻，你认为有哪些现实意义？

快乐阅读 kuai le yue du

始皇陵随想 / ···杨 旭

……

去岁深秋，我们江苏作家一行六人，承西安作协的帮助，经坝桥、过临潼绕骊山，向始皇陵进发了。据太史公记述，"始皇初接位，穿治骊山，及并天下，天下徒送诣七十余万人，穿三泉，下铜而致椁，宫观百官奇器珍怪徒藏满之"，气派之大是可以想见的。

这一天，云淡天高，日丽风清。参天的白杨，火红的柿树，点缀了关中平原如画的秋色。下午2时，到得始皇陵前，却真有点儿感到失望。那只是一座数十米高的土丘！"南依骊山，北临渭水"的帝王气候在哪里呢？我们默默地站立片刻，又默默地离开了。

秦始皇到处寻访长生不死药，但他心里似乎还清楚：终是要死的。初接位，就一手建造阿房宫，一手经营骊山墓。殊不料，没过多久就出了个莽莽撞撞的西楚霸王，闯进关中，也来了两手：一手焚烧阿房宫，一手挖掘始皇陵。对项羽办下的这两件公案，史家褒贬不一，骂的人要多些。撇开焚宫一案不谈，对掘墓之举，我自来认为称不得罪恶。考古学家也不必遗憾。项羽不挖，别人也会挖。

汉武帝和唐太宗的名声要比秦皇好得多，可刘彻的茂陵和李世民的昭陵都已被盗。比之那些专为珍宝财富的盗墓者，项羽当时还带点为民平愤的性质，不失为一件壮举！

进入秦俑馆大厅，方才墓前的失望情绪一扫而光。16000 平方米的大型展览厅，像一座巨大的玻璃房子，把一号俑坑全面覆盖了起来。一号俑坑是个长方形地下土木建筑，面积 14000 多平方米，已试掘 9000 多平方米，出土兵俑 500 件，战车 4 乘，计陶马 24 匹。以面积推算，一号坑共有兵俑和陶马 6000 件。在一号坑以北 20 米处，东端有二号俑坑，是骑兵、战车、步兵混合编成的曲尺形战阵，看来是兵阵的二梯队；西端为三号俑坑，为凹字形，有卫士俑 68 件，战车一乘，可能是指挥军幕。整个俑坑共 7000 多兵马，有战袍俑，铠甲俑，武士俑；有骑兵、步兵、弩兵；有战车、陶马；它们装备了当时最精良的实战兵器，排列有序，严阵以待。我仿佛觉得，眼前并不是陶制的俑偶，而正是秦始皇那支威武雄壮、战功赫赫的军队，它们被黄土掩埋了两千多年，铠上还带着千里征战的风尘，身上还留有残酷厮杀的血渍，脸上没有一丝笑意，分明是厌战的忧郁，思亲的泪痕……秦俑坑，把古代历史活生生地摆到了我的面前！

见了秦俑坑，才能想像当年始皇陵的穷奢极侈，那 70 余万夫役，30 余年岁月，四海搜掠的珍宝，全国供应的钱粮……累累白骨，砌成了封建帝王的"万世寿域"！

中国的封建统治者，对后事是非常看重的。为了把生前的享受带进棺材，头件大事是经营陵墓。许多皇帝从登位起就开始造陵，至死也未完成。始皇陵二、三号俑坑的兵俑都未满员。看来也没有完工。朱洪武为自己的陵墓设置了完整的内务机构，称为"神宫监"；又建立了庞大的陵园卫戍机关，这就是"孝陵卫"。他们相信死后有个冥冥世界，因此既要实物殉葬，又要大量神器焚化，所谓"万年寿域"，至少要享受一万年。

死后的尊荣也是不可稍缺的。无论是上天堂，入地狱，都要带上自己的功德簿。于是，另一件大事，就是以最美的颂词，为自己建碑立传。这方面似乎也是秦始皇带的头，他活着的时候就四处刻石，是最喜欢歌颂自己的皇帝。一种风气，皇帝带头，公卿大夫效之，以后就遍及整个社会。写墓志铭，成了散文作家的混饭差事，神道碑竟成了一种文体，可算是历代"歌德派"文章的典范。但此类千篇一律的陈词滥调有多少读者呢？一部《古文观止》，只收了三篇墓志铭，因为这三篇东西还算言之有物，较少浮艳之词。

封建社会的统治者如此注重后事，是带有宗教迷信色彩的。但一旦形成一种社会意识和风习，就是自己相对的独立性，连不信鬼神的人也必得这么办了。唐太宗就不很迷信，他曾说："至于佛道，非意所遵。"清圣祖说得更切："他人不知为君难，辄崇奉佛释，溺信仙道，荒湎酒色。朕自即位以来，实能绝此三者。"能摆脱释道迷信的皇帝，已算难能可贵。但无论李世民还是玄烨，在营办后事上却都是毫不马虎的。丧礼上的崇奢侈，讲排场，甚而借此掩丑遮恶，是封建社会里无药可治的痼疾。曹雪芹是深知其中奥秘的，他在《红楼梦》里把秦可卿的丧礼写得多么淋漓尽致！

……

步出秦俑馆，我又想到，项羽在挖开始皇陵，掳走"奇珍怪器"之时，也许曾来看过俑坑吧！那时，这些陶俑不算古董，值不了几文钱，他也没法驱使陶人去打仗，于是放把火烧了。6米深的黄土起了极好的保护作用，使我们今天能掘得这一大批国宝。项羽倒是比较实际的。

与你共品
yu ni gong pin

这篇散文题目是《始皇陵随想》，始皇即秦始皇嬴政，我国秦代第一任皇帝，因称皇帝从此时开始，故自称始皇帝。陵即陵墓。文题的意思是由始皇陵引起的随想。

作者在文中用得最多的是借题发挥，即由一个问题引申开去，从更深的层次加以阐发。这样，就把封建统治者荒淫无耻、愚昧可笑揭露得淋漓尽致。从而使人们在为古代劳动人民的智慧和心血凝成的国宝——秦兵俑而感到自豪、骄傲的同时，更加深了对封建统治者的憎恶之感。

文中，作者把游览途中的所见所闻，穿插于议论之中，既使文章的议论有了依托，也使文章不显枯燥。议论与见闻错落有致，使文章生动活泼，而又跌宕曲折，令人读来兴味盎然。由此可知，作者写本文的重点不在始皇陵，而在由始皇陵引起的随想。

站在历史的枝头微笑

个性独悟
ge xing du wu

★作者在文章开头，引太史公论述始皇陵气派之大的目的是什么？作者游览秦俑馆时，"我仿佛觉得"以下有一段对古代军队、战争的想像，在文中起什么作用？

★在写到封建帝王对后事的重视，对死后尊荣的迷恋已成社会风气时，作者淋漓尽致地揭露了封建统治者的荒淫无耻、愚昧可笑。文中哪句话最能表达这个意思？

★本文从议论项羽挖始皇陵开始，以评价项羽烧墓结束，这样写有什么作用？

★文中，作者对项羽挖墓和烧墓，说"不失为一件壮举"、"倒是比较实际的"。对此，你有何看法？

快乐阅读
kuai le yue du

千古鸿沟 / ···王剑冰

古人有话，生于苏杭，葬于北邙。在邙山莽莽黄土之上，到处布满了高高低低的墓群。这些墓群依次排列开去，似在诉说着那些尘埋的历史。就在黄河岸边，邙山之巅，横向里现出一条沟壑，像谁猛舞利刃，在历史的深处划出一道裂痕，这就是鸿沟。曾经搅乱历史风云的鸿沟；让人发无数联想的鸿沟。

这道沟，原口宽有八百米，深达两百米，原名叫广武涧，是战国时期魏国开凿的引黄济田的水利工程。当时的场景令人难以想像：鸿沟的北面是滔滔的黄河，西南面则群山万壑。沟中滚滚的黄河水深不可测，沟的四周万木丛生，百兽哀鸣。其地势之险，是东西向的咽喉要塞。有人说，当取天下之日，中原在所必争。古往今来，中原多少战事如烟云过眼，唯鸿沟引出的故事成千古绝唱。

　　走进这个故事的两个人物,起先无甚大名,却胸有大志。史有传闻,当以勾画万里长城的大手笔著称的秦始皇车队路过时,有两个人在赞叹之余,同时发出了不同的豪言。一说:"大丈夫当如是也!"一说:"彼可取而代之!"说前一句的较工于心计,后来做了汉朝的开国皇帝;说后一句的则少城府,鸿门宴放走了死对头,一把火焚烧了阿房宫,空做一场皇帝梦。鸿门宴与鸿沟都是鸿字起头,本没有自然的联系,但总让人感到有某种天然的巧合。鸿门宴之时,项羽大军四十万,刘邦仅有十万。项羽若依范增计杀掉狡诈多谋的刘邦,便不会再有后面的鸿沟之争。偏偏项羽自恃高强而犹豫不定,失去了重要的一次机会,以致放虎归山,使之形成与项羽抗衡的军事阵营。鸿门宴是项羽的一个败笔,鸿沟亦然。项羽失去了最后的机会。其时是公元前 202 年,鸿沟西侧是刘邦的汉王城,东侧筑起项羽的霸王城。项羽势强,两军对垒,可还是让刘邦滑了过去。

　　两个鸿字,让项羽有了终生的遗憾。最终自刎乌江。项羽毕竟是项羽,其如果过江而去,汲取教训,重整旗鼓,历史还不定如何写就。但项羽的性格决定了他只能以这样的结局塑造自己的形象。多少年后,一个忧惋的女子在一个梧桐更兼细雨的黄昏想起项将军,依然感叹不已:生当做人杰,死亦为鬼雄。李氏之类女子心目中的英雄,于刘项之间,非项莫属。成者英雄败者贼,这贼的骂名,怎么也安不到项羽身上。

　　在两军对垒,楚军久攻汉军无果的时候,项羽支起了一口大锅,欲把刘邦的老父煮了。而刘邦却耍起了无赖,说:"吾与项羽俱北面受命怀王,曰'约为兄弟',吾翁即若翁,必欲烹尔翁,则幸分我一杯羹。"不知太史公如何得知血肉横飞的战场上,这等糅合着残忍与机诡的情节。项羽太要了名声和体面,人家的老爹没有杀掉,还和刘邦在鸿沟平分了天下。这在项羽来说可能是无奈之举,两年半的争斗中,刘邦已渐渐缓过劲来;而对于刘邦,则是一种缓兵之策。其一旦羽翼丰满,便想遮蔽整个中国了。野心乘势,要比项羽来得十二分的凶猛。最终导演了一场历史上最有感染力的活剧,这场"霸王别姬",让天地为之动容。当虞姬拔剑起舞,血别项羽,正是四面楚歌唱响之时。"力拔山兮气盖世,时不利兮骓不逝,骓不逝兮可奈何,虞兮虞兮奈若何!"英雄与美人,刀剑与热血,在那个凄婉之夜形成鲜明的对立。

　　鸿沟只是一个摆设,一个布景道具,然而,它又是煌煌史册中的神来之笔。这一笔是最有说服力的警言妙语。有人要将长江变成第二个鸿沟时,毛泽东没听那一套,"宜将剩勇追穷寇,不可沽名学霸王",这一警觉与历史紧密相连。刘氏建立汉朝之后,恐怕没有故地重游。这里说不上是他的光荣呢,还是耻辱。倒是多少年以后，一个叫做阮籍的人信马由缰，来到这里，看着早已是断壁残垣的古战场，不禁仰天长叹："时无英雄，使竖子成名！"这声叹息由着狂舞的涧风，飞扬了数千年，对其的认识却莫衷一是。那是个产生故事的时代，由鸿沟所派生出的诸多故事，足以让后人品味。

历史总是要向前发展的，不管是秦始皇精心修造的长城，还是刘邦与项羽利用的这条鸿沟，都不能阻挡住历史的风雨。这风雨可以使长城颓毁，也可以将鸿沟填平。现在，它们早已不再是深不可测，无法逾越了。鸿沟看上去是那么普通，就像一条干涸的河道，完全没有当年的险要。甚至让人想不出，这样的一条沟是如何能够将两支兵马分而拒之。黄土漫漫，芳草萋萋，顺黄河而来的风，腾挪漫卷，似搅起阵阵马蹄和喊杀的烟尘。

与你共品
yu ni gong pin

楚汉相争、鸿沟为界，这是象棋盘中间常刻镂的八个字，这也是项羽和刘邦长年争战的短暂契约。项羽以之为真，刘邦用之缓兵。项羽与刘邦从青年时面对始皇帝出巡的车马时，就有截然不同的态度，一个美慕、垂涎、几近贪婪，一个莽撞、率直、几近豪气。就是这相近又相反的两句话，道出了两个不同的性格，乃至不同的命运，不同的结局。鸿门宴上刘邦金蝉脱壳，项羽妇人之仁；鸿沟激战刘邦巧言诡辩，项羽迂腐之仁，乃至悲壮的霸王别姬，悲壮的乌江自刎。一个有缺点、错误乃至残暴，但以可爱的英雄的失败而落下楚汉相争的帷幕；一个奸诈、无赖、但善于小恩小惠的市井之辈的胜利更加使人怀念那个失败的英雄。李清照诗表达的是此意思，阮籍的长叹更是对胜利者的嘲讽。文中寥寥数语刻画了毛泽东的形象，划鸿沟(江)而治万不可以，于是才有了"宜将剩勇追穷寇，不可沽名学霸王"的总进军令。

作者写的是楚汉相争的一段历史，集散文、随笔、史论于一体，以鸿沟、鸿门宴乃至后来的垓下说开去，以项羽、刘邦乃至毛泽东评古论今，以李清照、阮籍叹惋乃至不屑的评价评点风云。读此文，愿同学们有所收益。

个性独悟
ge xing du wu

★为什么说"唯鸿沟引出的故事成千古绝唱"？你知道鸿门宴故事的背景吗？我们现在说的"鸿门宴"是什么意思？

★既然是"成者英雄败者贼，这贼的骂名"为什么"怎么也安不到项羽身上"？为什么会产生"成者英雄败者贼"这种现象？

★"不可沽名学霸王"，本文哪些文字表现了项羽的"沽名"？

★作为一个胜利者，为什么说鸿沟"说不上是他的光荣呢，还是耻辱"？阮籍"时无英雄，使竖子成名！"的仰天长叹，仅是看到"断壁残垣的古战场"而发的吗？

作文链接
zuo wen lian jie

大师的画 / ···佚 名

莫千之画得一手好画，在国内外享有盛誉。但人已过六旬，却无一门徒，这是他的一块心病。虽然拜师者络绎不绝，可莫大师暂时并不想收徒，他想物色一个真正合适的弟子，而后将自己生平所知倾囊相授。

一日，几个年轻人来到莫大师的工作室。初见德高望重的大师，他们不由得紧张而谦恭，生怕在大师面前显得浅薄鄙俗。大师微笑着，捋着胡须说："我老头子都被搞得神经兮兮的了，你们怎么还立着不动？"大家都笑了，气氛也缓和了许多。

大师领着大家参观他的画。人物各有神韵，山水笔锋雄健，素描笔法流畅，大家不禁啧啧称赞。每个人都不免发表一番宏论，争相表现自己。莫大师始终微笑颔首，有时也应上一两句："你们有不同的看法是自然的，因为每个人对艺术都有自己独到的见解,这也包括对我的画作的批评。"

大家这时走到一幅画前。这幅画在众多的画作中显得很特别:一座简陋的屋子,屋子周围有几棵树,小屋顶上烟囱正冒着白烟。画的左上方有一弯弦月,几颗星星,几抹浮云。线条弯弯曲曲,月亮还无端地生出个小权,与周围的画显得很不协调。

"我觉得这幅画以简洁的笔法为我们描绘了一个世外桃源般的意境。"其中一人说,"其中蕴含的对自然的无限向往尤其令人感动,不由得勾起我们心中深藏的情感。"他说完后,大家都望了望莫大师,大师依然是一脸的微笑,不否认也不赞许。

又一个人说:"刚看到这幅画,我就被烟囱冒出的缕缕炊烟深深地吸引了,深夜为何燃灶?等候夜行未归的丈夫吗,还是有陌生人求宿呢?留给我们的是无尽的遐思。"众人都点头称是。

第三位说:"我想,画中想表现的应是一种人性的回归与对自由的渴望吧!那颤动的笔法勾勒出的曲折的线条表现的正是现代人颤动的心灵。"

大师还是不语。

又一个人淡淡地说:"我认为这幅画的笔法很拙劣,根本谈不上灵气和美感。若是大师所作,那么它就是大师您的败笔。"众人惊愕地望着他,大师的画怎么可能如此呢!

莫大师捋须笑道:"这幅画确实很差,它是我小孙子胡乱画的。"

不久,第四个人成为了大师的衣钵传人。大师说:"艺术是要远离虚伪的。只有真人,才会有真的生活,才会有真的思想。"

【简评】jian ping

文章构思巧妙,故设悬念,途经三层的蓄势之后,第四人石破天惊,一反前三人的溢美之词,直陈画作笔法之拙劣。结尾大师一语道破个中原委,也道出了艺术的真谛。几个年轻人在权威面前由于失去了自我而最终显得"浅薄鄙俗",在现实生活中这样的情形何尝少呢?记住大师的话吧:"只有真人,才会有真的生活,才会有真的思想。"

与孔乙己网聊 / ··· 顾窗林

"欢迎登录'跨时空聊天室',请输入您所需要的聊天对象,电脑将自动为您服务!"电脑荧屏上闪着一行清晰的汉字。

"跟谁聊呢?"一个个熟悉的名字在我脑海里闪过……

"孔乙己,对,就找孔乙己。"我边敲击键盘,边自言自语,"不知道孔老先生离开咸亨酒店以后,怎么样了。"

"咯咯咯咯……链接成功,祝聊兴大发。"

我情绪有点儿激动。

雨:孔先生,吾乃一介中学生。今日有幸相见,望先生不吝赐教。

孔:请别用"之乎者也"这些老套的文字。你该这么说:"How are you,Mr. Kong?I'm a middle school student.May I talk to you?Do you understand?"

雨:啊?我不是在做梦吧?你不光会说一口流利的白话,连英文也说得这么棒,真令人难以置信!

孔:我呀,"鸟枪换炮"了!

雨:是吗? 我可是"炮换鸟枪"了!

孔:怎么个换法? Please tell me!

雨:唉!说实在的,我根本就没有过"炮",一直都处于"鸟枪"的水准。我每天都被束缚在书本中,受着父母"万般皆下品,惟有读书高"、"不考上清华、北大没出息"的教育,每天都要让灵魂不停地在"A、B、C"中间游荡,真累坏了。恐怕连"鸟枪"的水准都不够,还谈什么"炮"。

孔:怎么会这样呢? 你们不是正在实行素质教育吗? 情况不会这么糟吧?

雨:我们是在实行素质教育,国家颁布了"减负"令,可我们还是不能从题海中抽身上岸啊。唉! 我真的要垮了。孔老先生,你说说我该怎么办? 你是怎样从科举制度中走出来的呢? 请告诉我你的解脱秘诀,OK?

孔:我啊……往事不堪回首。当年我离开咸亨酒店,奄奄一息地蜷曲在街头一角,路过的一位医生救了我。他帮我治好了身上的伤病,为我那条被丁举人打折了的腿接上假肢,让我站了起来。他还帮我治愈了精神上的"疾病",他让我认识到"考科举、中状元"并不是惟一的出路,鼓励我去做别的事情。所以我也劝你,"上清华,考北大"并不是惟一的出路。你可以充分发挥自己的特长,将来,一样能为社会做出有益的事情。

雨:真的吗?这样做真的能行吗?

孔:怎么不行?当时,我听从了救命恩人的建议,拜恩人为师。他认为我的古文底子很好,读古代医书正合适。于是,我跟着师父云游四海,治病救人,学得一身医术。后来,我找了个地方开了间私人诊所,每天上门看病、拜师的人数不胜数。不过,我没忘了与时俱进,给头脑充电,现在正抓紧时间学习电脑和英文。

雨:真的啊?你没骗我吧?

孔:怎么会呢?再怎么说,现在的你与曾经的我也算同病相怜,我帮你还来不及呢,怎么会骗你呢?

雨:可惜我身陷应试教育的苦海之中,无力自拔呀!

孔:别这么悲观。我说过,你只要选择适合自己的路,顽强地走下去,会成功的。要相信自己,加油!哟,有患者来访,我该下了。OK?

雨:谢谢你的开导鼓励。我知道该怎么做了,我一定努力,也一定会成功的,你等着我的好消息吧!我也该下了,下次再聊。

【简 评】 jian ping

文章构思奇妙,立意深刻。衣衫褴褛,满口"之乎者也"的孔乙己竟已从科举制度的束缚中解脱出来,不仅能说出一口流利的白话和英语,而且还与时俱进,选择了一条适合自己成才的道路。看似荒诞不经,却给人以太多的思考和启发。

难忘的精彩

岁月篇

让生命回味这一刻

让历史铭记这一回

最后一颗星星就要隐没

一轮朝阳从大海喷薄而出

白色的鸽群振翅飞向蓝天

悦耳的鸽哨声中

五星红旗骄傲地升起

升起在繁花似锦的祖国

四

快乐阅读
kuai le yue du

直播刺激：在恐惧中快乐 / ···白岩松

1999 年 10 月 1 日，现场直播国庆 50 周年庆祝大会。

从没有哪一天的天气被我如此强烈地关注着。在 9 月 30 日下午，北京的雨不停地下着，天空迟迟没有放晴的迹象，而我们所有人都知道，第二天上午，十多亿人的眼光都投向北京天安门广场。

在 9 月 30 日傍晚的餐桌上，第二天天气预报被我们兴奋地互相传递，这是北京多名气象专家聚在一起最后拿出的报告，10 月 1 日，共和国 50 周年这一天，北京天晴。

但窗外的雨依然在下，我们只能在天气预报面前谨慎地乐观，相信很多人心中会默默祝愿：让天空放晴吧！

自从接到让我主持国庆庆典节目的指令后，我的心情一直有些兴奋又有些紧张，可能这一次直播意义太过重大，那么多人的目光云集于此，结果只能有一个，那就是成功。

但北京的雨不停地下，转移了我的注意力。那天晚上，我们第二天要做直播的都没有回家，一起住在长安街上的一家饭店里。为放松心情，打了一会儿牌，牌局落幕，大家准备睡了，我发现很多人不约而同到窗口向外张望。可是，雨还在下。

一夜睡得不踏实，窗外滴滴答答的雨声敲在我的心里。清晨迷迷糊糊地起床，马上走向窗口：奇迹，北京的雨停了。

我的心情随之放晴。我知道，今天的直播定会成功，天气的放晴就如一针强心剂，让我的状态好极了。

果真如此。直播顺利开始，在我的开场白中，我立即加上了一句话：北京雨过天晴，是一个适合庆典的好天气。

几个小时匆匆而过，那一幕又一幕精彩的画面现在已成为经典定格在我们的脑海中。在天安门广场的直播画面切回演播室后，我的结束语随之而出。在当时，我是有些激动的，这 50 年的路程，中国走得艰难，眼泪欢笑此起彼伏，没人不会感慨万千。也因此,我在结束语的最后一句话中用了四个字:祝福中国!

我这儿的直播结束,上了楼上的导播间,那里由于精彩回放还在播着,因此无论台领导还是工作人员,神情依然紧张,因为这场直播对于中央电视台来说,毕竟是一场大考,不到播出结束,谁也不敢掉以轻心。

随着最后工作人员字幕单的飞过,直播顺利结束了。一瞬间,现场的所有人员似乎还没有缓过神来,屋子里出奇地安静。这一瞬间过后,压抑了很久的掌声终于爆发出来,大家一个多月的辛苦终于有了回报。

那一个中午的北京,景致与空气格外迷人,在台里简单吃过几口饭,我就匆匆回家了。我知道,一段日子以来,我的内心一直紧张,但家中的母亲和妻子一定比我还要紧张。这下走出考场,我该回家和她们去分享紧张后的轻松与快乐了。

那一个下午,我和家人在京城四处闲逛,和周围人一样手中拿着两面小红旗,看着人群中一张张喜庆的笑脸,我的快乐也在空中飞。从没有哪一天像今天这样,对中国的明天信心十足。就为今天这人群中的笑脸,中国也该创造美好的未来,因为中国的老百姓实在太不容易了!

不停地有电话打进我的手机,好几位极有本事的外地记者开始了对我直播后的国庆采访。对最初的两位记者,有一句话我说的是一样的:50年已经过去,最重要的还是明天,我们都该想一想,10年后,我们将在怎样的中国和怎样的心情中去庆祝共和国 60 岁的生日呢?这之后,我便把手机关了,在国庆的那一个下午和焰火点缀的晚上,我只想放松地在人群中游荡。

与你共品
yu ni gong pin

在电视已经普及的今天,白岩松这个名字对于绝大多数人都不陌生。作为中央电视台的主持人,他睿智而略带冷峻的眼神,缜密而富含哲理的思维,流畅而干脆简练的表达,早已深入每一位观众的心。

本文通过作者在记叙现场直播国庆 50 周年庆祝大会的感受,使我们深切地体会出作为一个记者身上所肩负的重大责任。同时我们也通过作者感受了祖国在 50 年中所经历的风风雨雨实在是不容易,我们应该珍惜今天的幸福生活。

个性独悟
ge xing du wu

★文章开篇就写道"从没有哪一天的天气被我如此强烈地关注着。"这是为什么呢?联系上下文来回答。

★文中第十一、十二两段形成了鲜明的对比,请用简洁的语言概括出对比的内容,反映了人们什么样的心情?

★作者面对着欢笑的人群发出了内心无限的感慨,请找出这句话。

快乐阅读
kuai le yue du

历史铭记这一刻
——北京奥运申办成功／··· 张乐年

为了这一刻,北京申奥代表团成员有太多的故事要诉说,此时此刻只有喜悦的泪水是最好的表达。

当地时间上午,代表团的领导就来到了世贸中心,一群记者蜂拥上去采访。官员们一言不发。后来实在让一名香港记者缠住了,一位高级官员终于开口:"我先说三件事,这三件事是……你们一会儿就知道了……"话音未落,人已脱身而去。

在北京陈述之前,气氛十分紧张,大考到了。进场前领导们反复地相互检查着装。万嗣铨多次提醒大家关掉手机。

北京陈述刚完,就有委员在坐席上大声叫好了。

当萨马兰奇宣布当选城市是北京的时候,在记者大厅里两名中国人当场打出横幅,上书:"永远的北京,永恒的奥运,百年企盼,梦想成真。"这幅字在中外记者的镜头下将传递到全世界。

此时此刻的兴奋和狂呼是在全世界的媒体之下进行的,在场的每一位中国人或看似中国人的人都被镜头对准了。

事后刘璇说,当时就像做梦一样,和奥运会上的感觉一样,眼泪止不住地流。

郎平哭得最动情,直到出场后 20 分钟时,在接受记者采访时还在流泪。

"中国男子汉"袁伟民的泪水一直在眼眶里打转。而巩俐则相对平静,她在接受采访时说:"到第二轮投票完的时候我就意识到北京成功了。"

在来莫斯科的飞机上杨澜曾说,1993 年我作为记者参加了申办,申办失利时我流泪了。现在我成熟了,遇到任何事我都会平静对待,不会再流泪。但是此时此刻,她再也无法平静,双眸闪动,泪光莹莹。

杨澜的脸上还留着一个口红印痕,当记者问是谁亲吻了她,她对此全然不知,说:"我不知道怎么回事,高兴坏了。"

申奥团原来安排在胜出后,让刘淇和袁伟民在一楼大厅接受中央电视台的采访。当他们走下陈述台时,记者们狂扑上去。他们费劲地闯过人群,但一行人却全被挤散。只听着一楼大厅里砰砰一响不知什么器材给碰翻了。

像这样的疯狂的采访,记者也是第一次碰上。

刘淇和袁伟民被挤散了,刘淇接受了电视采访,他说:"这次我们申办成功是全国人民共同努力的结果,是党中央、国务院亲切关怀和指导的结果,是全国人民最大的喜事,向全国人民表示祝贺。"他一边讲话,一边被采访的人们挤来挤去。

北京申奥代表团成员张秋萍插空招呼记者,晚上到我这里来喝酒。今夜到处都会有酒,记者问"你是什么酒"?张秋萍说,1993 年她到蒙特卡罗参加申办,在那里买了一瓶法国红酒,准备在申办成功后庆祝。不料当时申办未果,她就将酒带回北京。8 年后,她又将这瓶酒带来莫斯科,现在可以畅怀痛饮了。8 年了,好酒啊!

当人们走出世贸中心时,天下起了大雨,闷热的天气顿时凉爽。

与你共品
yu ni gong pin

　　申办奥运成功,是一桩举国欢庆的天大喜事。作者用平实的语言叙写了北京申奥时莫城大厅的横幅,名人的眼泪,记者的疯狂,买了 8 年的美酒。从这些平实的叙述中,读者也会掀起感情的波澜。

个性独悟
ge xing du wu

★ 文章二、三段与后文的段落运用了什么样的表现方法？

★ 说说你对文中多处写"眼泪"的理解。

★ 请到网上查询描述中国申奥成功的文章，从中摘录一些精妙的细节描写句。

快乐阅读
kuai le yue du

中国足球梦圆世界杯 / ···杨 明 蔡拥军 范春生

44 年的梦想今晚成真,7 次艰难的冲击终得回报。中国男子足球队今晚在沈阳五里河体育场以 1:0 取胜阿曼队后, 宣告中国人将首次登上世界杯足球赛的赛场。

中国队今晚并没以赏心悦目的大比分庆祝胜利,B 组垫底的阿曼队在潮湿的绿茵场上顽强地阻击着平局就可出线的中国队。在 6 万名观众激昂的国歌声中, 于根伟在第 36 分钟时, 利用郝海东一记巧妙的头球摆渡, 在禁区内一脚劲射, 将中国队送进世界杯决赛圈。

终场哨响后, 五里河体育场沸腾了。三届世界杯元老范志毅跪在绿茵场上喜极而泣;主教练米卢蒂诺维奇被队员们抬起庆祝;曾任中国足协主席十几年的年维泗喃喃地说:"终于等到了这一天,终于盼到了这一刻……"不了解中国足球艰难历程的人无法理解世界杯出线对中国人意味着什么。从时间的跨度和情感的投入上说，世界杯出线和北京申办奥运会成功一样令中国人狂喜。

对于数亿中国球迷来说，这胜利的一刻让他们等得无比辛苦。今天，中国队在主教练米卢蒂诺维奇的率领下，终于以6战5胜1平积16分的出色战绩，提前两轮赢得世界杯决赛入场券。

经过8年国内联赛的磨砺，中国队在十强赛中以成熟的心态和空前的团结，两胜阿联酋、连败阿曼、勇擒乌兹别克斯坦、作客战平卡塔尔队，以不败战绩实现了这次历史性的突破。

国际足联副主席郑梦准赛后说："中国足球有了明显的进步。我毫不怀疑，中国足球的进步对世界足球运动发展具有重大意义。"

米卢在新闻发布会上说："我为中国人民感到高兴。中国足球具备了取得更大成绩的条件。"中国足协官员董华说："中国足球这次虽然迈出了一小步，但却是重要的一步。"

在这次十强赛之前，中国足球冲击世界杯的历史留给人们更多的是失望和苦涩的记忆。1981年的"饮恨新西兰"、1985年的"5·19"事件、1989年的"黑色三分钟"、1993年的"兵败伊尔比德"、1997年的"金州欲哭无泪"，连续20年出线受挫的惨痛经历深深刺痛了中国人的心灵。

中国队出线仅仅算了却了人们的一桩心愿，中国足球的排名依然是亚洲第五。摆脱急功近利情绪，扎实地抓青少年队伍和足球基础建设，确立正确的足球理念和价值取向，是中国足球面临的新课题。

与你共品
yu ni gong pin

　　这是一篇获奖新闻，中国足协新闻官曾这样评价此稿："这是在众多中国男足出线报道中最全面、最客观冷静的一篇消息稿件。"报道者保持了清醒头脑，梦圆世界杯并没有改变中国足球的真实定位，急功近利才是中国足球的头号敌人。文章叙述简明扼要，掷地有声。

个性独悟
ge xing du wu

★用简练的语言分条概括本文的主要内容。

★说说文中该怎样划分层次。文中的叙述十分简练，试举一例说明。

★请用从书报中搜集的足球比赛的有关术语，描写足球比赛的某一场面。

快乐阅读
kuai le yue du

历史性的一声槌响
——WTO 部长级会议通过中国入世决定现场侧记

/··· 龚　雯　吴绮敏　吕志星

多哈当地时间 11 日 18 时 39 分，人们期待的历史性时刻终于到来：随着 WTO 第四次部长级会议主席卡迈勒手中的一声槌响，会议通过了《关于中国加入世贸组织决定》，中国改革开放的崭新一页就此掀开。

今天，多哈喜来登饭店萨勒瓦会议大厅金碧辉煌，座无虚席，连场内的通道都站满了各种肤色的人。无论是代表还是记者，都把目光投入到一点——中国加入世贸组织。18 时 15 分，中国代表团成员全部就座，这是中国人第一次在 WTO 会议中坐到第一排的位置。18 时 30 分，会议主席、卡塔尔财政、经济和贸易大臣卡迈勒宣布大会转入第二项议题"部长行动"，并开始该议题下第一个分议题，即中国加入世贸组织问题。随后，卡迈勒就与本议题有关的程序等做了相关介绍。WTO 中国工作组主席、瑞士驻 WTO 大使吉拉德向大会报告了工作组的工作。这位亲历了中国复关和入世整个谈判进程的老人向大会提交《中国加入 WTO 议定书》(草案)和工作组代拟的部长级会议《关于中国加入 WTO 的决定》(草案)，提请大会审议和通过。接着，卡迈勒请大会通过关于中国加入

WTO 的决定。由于关于中国加入 WTO 的决定将以协商一致方式通过,无需表决。18 时 39 分,卡迈勒宣布本次 WTO 部长级会议通过中国加入世贸组织的决定,并敲响木槌,这时,全场起立,热烈鼓掌祝贺。中国代表团每位成员都笑逐颜开,兴奋不已。

这一天,让中国人等了 15 年。在经久不息的掌声中,中国政府代表团团长、外经贸部部长石广生应会议主席卡迈勒之邀,健步走上讲台发言。在 10 分钟的讲话中,他首先代表中国政府对 WTO 部长级会议作出关于中国加入 WTO 的决定表示感谢。石广生说,经历了长达 15 年的艰苦谈判,我们终于迎来了这一历史性时刻。中国为复关和加入 WTO 做出了长期不懈的努力,这充分表明了中国深化改革和扩大开放的决心和信心。加入 WTO 不仅有利于中国,而且有利于所有 WTO 成员,有助于多边贸易体制的发展,它必将对新世纪的中国经济和世界经济产生广泛和深远的影响。

发言之后,石广生与在主席台上的会议主席卡迈勒、WTO 总理事会主席哈宾逊、WTO 中国工作组主席吉拉德等一一握手、拥抱。石广生走到穆勒面前时,这位 WTO 现任总干事显得异常激动。毕竟,正如他曾说过的,中国的加入是 WTO 的一个历史性事件。随后,部分 WTO 成员的贸易部长纷纷上台发言祝贺,并依次与石广生握手、拥抱。美国贸易代表佐立克第一个上台,他表示中国将会成为 WTO 负责任的建设性的成员。来自亚洲、非洲、拉美的发展中成员向中国表示了热烈祝贺,并表达了他们对中国参与多边贸易体制所寄予的厚望。欧盟、日本等发达国家成员也相继表示了他们的良好祝愿。最后,穆勒与卡迈勒分别发表了充满激情的贺词。

19 时 48 分,在卡迈勒宣布当日会议结束时,场内记者蜂拥而上,将中国代表团主要成员石广生、龙永图等团团围住。中国代表团顾问、中国谈判团第二任团长佟志广在回答记者提问时表示,他今天特别高兴,经过这么多年的努力,中国入世终于有了结果。中国需要世界,世界也需要中国,相信入世会让中国改革开放的步伐走得更快、更稳。

11 日晚上,中国代表团将举行加入世贸组织议定书签字仪式。之后,团长石广生将向 WTO 总干事穆勒提交由中国国家主席江泽民签署的中国加入世贸组织批准书。30 天以后,中国将正式成为世贸组织成员。

与你共品
yu ni gong pin

这是一篇获奖新闻。加入世贸组织,中国人等了 15 年啊! 昔日的峥嵘岁月,多年的不懈努力、祖国的逐步强大,历史潮流的不可阻挡都在这"历史性的一声槌响"中得到生动的诠释。本文内涵丰富,充满着阳刚之美。

个性独悟
ge xing du wu

★"中国需要世界,世界也需要中国"这句话的含义是什么?

★全文的表达方式主要是什么?

★请从报纸上找出 10～20 个具有阳刚之美的新闻标题,并选择一个进行赏析。

快乐阅读
kuai le yue du

中华民族水利史新篇章(节选)/···王立彬 董 峻

2002 年 12 月 27 日,举世瞩目的南水北调工程正式开工。这项工程从提出、论证、规划到立项开工,历经五十载沧桑,先后参与规划设计者数以万计。几代中国人的美好夙愿,今天正在成为现实。

青山遮不住,江水北流去。南水北调工程建成后将使千载奔流的长江水,极其壮观地跨过淮河,穿越黄河,涌入海河流域,历史性地滋润华北干渴的土地,沟通首都所在的京津地区与经济发达的长江中下游地区。两大江河千里携手,长江、黄河儿女将同饮一江水。

重新构建中华"水网"

长期干旱的北方,耕地占全国60%以上、人口占45%以上,但人均水资源严重不足成为制约地区经济、社会发展的重要因素。尤其是近几年来北方连年干旱,不仅影响到工农业生产,而且直接影响到城乡居民的日常生活。

长江流域由于降雨量大,水资源丰富,数千年来为洪涝灾害所苦。这种南涝北旱的地理特征,成为南水北调的物质基础。南水北调,就是要利用南方水资源相对丰富的优势,弥补北方水资源之不足,遏制并逐步改善当地日益恶化的生态环境,使地区间经济、社会和生态得以协调发展。

根据江泽民同志提出的从长计议,统筹考虑,科学选址,周密计划的方针,有关部门和专家深入开展规划、设计和论证工作,近年来形成南水北调工程总体规划布局,提出东、中、西三条调水路线。经反复征求社会各方面意见和建议,认识逐步趋于一致,工程方案基本成熟。党中央、国务院决定开工兴建南水北调工程,是审时度势的战略决策。

南水北调工程建成之后,将有效解决北方水资源严重短缺的问题,实现长江、淮河、黄河、海河四大流域水资源的合理配置,统筹规划调水区和受水区的经济效益、社会效益和生态效益,从而形成"四横三纵"的中华大地新"水网"。

追求人与自然的和谐

南水北调工程是否会对区域性气候、自然环境等产生不利影响,从而危及相关地区的生态安全?这样的担心是可以理解的。21世纪是生态世纪,作为人类改造自然的又一壮举,南水北调工程将谱写人与自然关系的新篇章。

事实上,南水北调工程首要目的是解决北方地区严重的缺水问题。因此工程本身就是一个伟大的生态环保工程。南水北调不仅给北方补充水,还有一个重要的使命就是使汉江流域的经济、社会和生态健康发展,实现"双赢"。

利用自然为人类服务,必须遵循自然规律。汉江中下游以及出海口的生态在调水后受到的影响等问题,都在南水北调工程生态环境保护规划中得到了全面考虑和妥善解决。分析论证表明不存在制约工程兴建的生态环境因素。

南水北调能否成为一项生态工程,治理污水是关键。没有环境保护,调水的基础就会瓦解,调来的水就可能是污水。因此,工程规划制定了切实可行的治污方案,强调以治为主,形成"治理、截污、导流、回用、整治"的治污工程体系。在东线工程受水、输水区及其相关水域内,将分别实施清水廊道工程、用水保障工程及水质改善工程。规划建设的相关工程有 300 多项,总投资 200 多亿元。输水干线和用水规划区的水质可达到国家地表水环境质量三类标准。

在白雪皑皑的青藏高原,长江、黄河的潺潺源头紧紧相邻,一路流淌奔涌,万里崇山峻岭把它们遥遥隔绝。如今,为了祖国的兴旺发达,为了民族的繁荣昌盛,中华儿女将要把它们牵到一起。

原长江流域规划室(长江水利委员会前身)主任、新中国水利界元老、年近百龄的林一山先生说,跨流域调水的实施可以改变一个国家的经济命运,对促进国家经济地理平衡、安定团结和社会稳定具有重大意义,无论从当代还是从后代子孙的利益来看,南水北调工程,都将是中华民族水利史的新篇章,是中华民族伟大复兴史这部巨著的新一页。

与你共品
yu ni gong pin

南水北调是举世瞩目的工程,是几代中国人梦寐以求的夙愿,作者抓住南水北调的伟大意义和生态工程两大重点内容展开笔墨,叙写南水北调功在当代,利在千秋。文章语言灵动,运用多种表达方式,读来层次明晰,意义深刻。

个性独悟
ge xing du wu

★全文的主要内容是什么？本文在构思上有什么特点。

★从文中找出一句或一段你认为写得最好的文字，说说它为什么写得好。

★从文中找出一段"中心句＋说明"的文字，仿照这种模式写一段话。

快乐阅读
kuai le yue du

老北京的吆喝 / ···戎文佐

老北京沿街叫卖的小贩，其吆喝声清脆婉转、抑扬顿挫，尤其是应时各货的吆喝声，更为悦耳，有着明显的自身特征，即功利性、音乐性和时间性。

老北京的吆喝，其功利性非常明确，即不管是售货还是收购，目的都是为了吸收主顾进行交易，赚钱谋生。如卖西瓜的吆喝："斗大的西瓜，船儿大的块哎！"以西瓜的外形夸张来招揽顾客，希望把自己的瓜早点儿卖出去。再如卖雪花落（土制冰激凌）的吆喝："你要喝，我就盛，解暑代凉的冰激凌！"和"冰儿镇的凌嘞雪花落，让你喝来你就喝，熟水白糖桂花多！"如此的吆喝，就抓住了儿童的心理，很能吸引儿童。

老北京的吆喝多注重节奏，吆喝起来以两三个音节者为多。如：卖切糕的吆喝"小枣——切糕"；卖瓜子的吆喝"五香——瓜子"；卖鲤鱼的吆喝"活鲜——鲤鱼"；卖糖三角的吆喝"三角——炸焦"；卖驴肉的吆喝"香烂——驴肉"等。也有的吆喝富于音调变化，如前半较缓、后半急促的"硬面儿——饽饽！"此外，亦有一类则是以物器（铜盏、铜钲、铜锣、铁唤头、木梆、竹板、手鼓、拨浪鼓儿、扁鼓、胡琴、三弦等）发出的声响来招徕主顾。如：粘扇面的臂持小箱,以线绳扎小铁铃数串,边走边摇,发出哗啷哗啷的声响;卖炭的则手摇货郎鼓,其声嘣嘣;卖煤油、香油、酱油、醋的,则敲大木梆子为号;卖豌豆黄的,手敲一面铜锣,一路哐哐;磨剪刀的,以钢铁连成五叶,随走随振动,亦还有一种把号吹得呜呜作响的;卖日用什物的,专敲打一只葫芦瓢;卖铁壶的,干脆用一铁棍敲打壶底,其声如鼓,以显示其货真价实;剃头的,不时拨动一个大铁夹子,其声嗡嗡,俗称"唤头";卖酸梅汤、玻璃粉桃脯、果子干的,专敲两只铜碗,俗称"敲冰盏"……此类以器物等代替吆喝的,其节奏快慢各异,音调高低不一,有时几种凑到一块儿,听起来还真有些趣味。

老北京的吃喝还有着很强的时间性和季节性,如早晨卖烧饼、麻花的,中午卖果子干、玫瑰枣的,晚上卖炸豆腐、硬面馍馍的,一天里不同的时间有不同的吆喝声。再如,一月卖元宵,二月卖活虾,三月卖鲜鸡蛋,四月卖杏,五月卖粽子,六月卖蜜桃,七月卖葡萄和枣,八月卖豆汁儿,九月卖柿子,十月卖蒲帘子,十一月卖水萝卜,十二月卖关东糖,一年的季节有不同的吆喝声。当然,也有一些像剃头、磨刀、磨剪子、收破烂的吆喝声,通年有之。

与你共品
yu ni gong pin

　　本文是一篇说明文,具有总分总的显著特征。丰富的"吆喝"语例和精细的分类,把老北京的市井生活写得活泼生动。

个性独悟
ge xing du wu

　　★请说说全文的结构方式是什么?本文突出的说明方法是什么?
　　★老北京吆喝的"音乐性"体现在哪些方面?
　　★请在附近集市收集几则叫卖语,并分析其音乐性。

快乐阅读
kuai le yue du

时尚的产生/···星 竹

　　在美国西部，一个乡下青年要去参加斗牛赛，可他穷得除了一条破裤子，再也没得换了。事先，他曾想借一条裤子，可朋友们说，他要去参加斗牛赛，回来时，好裤子可能又成了破裤子，于是，谁都不肯借给他。他只好穿着露了膝盖的破裤子到了赛场。没想到，他竟奇迹般地得了第一。他上台领奖时，破裤子使他很难为情。台下十几名摄影记者却不管不顾地为他拍照，他简直无地自容。谁想，他的相片被登在报上后，他的破牛仔裤，竟然成了当时许多年轻人效仿的款式。几天之后，大街小巷，到处都是穿着破裤子的青年。这一景象一直流传到今天。

　　在法国，一个不被人所知的流浪歌手，整天在大街上卖唱，可他不知道自己的歌唱得有多好。他穿着一条肥大的裤子，手握一把吉他，从一个城市走到另一个城市。有一天，一个经纪人竟为他出资，要帮他组建一支 OK 乐队，并让他提出自己的要求。他的惟一要求，便是希望投资人给他先买几条裤子，把他不合时宜的大肥裤子换掉，因为那时的歌星们，都是穿很合身的瘦腿裤。

　　可是，他的资助人却笑了，说我就是看中了你的肥裤子。从此，他的肥裤子果然代表了一种潮流和时尚。在世界各地，许多歌手和乐队都开始穿起了肥裤子。

　　把头发染成多种颜色，更是一个无钱理发的青年人所为，有一天，在英国小镇莱切，一个青年走到一家化工厂楼下的时候，被楼上倒下来的一桶化学物质弄脏了头发，他没有钱去理发，就那么留着，红红黄黄地留了几天，惹得大街上许多青年纷纷追逐，然后又去效仿。结果，有家理发店抓住时机，专门找人研制出了各种染发的颜料，满足了新奇者的愿望。这一现象一直扩大到全球，成为一种典型的时尚。

　　在巴西，一个乡下女孩儿进城时，她的姥姥在她的裤子上绣了几朵花，这本来是很土、很落后的工艺，早就被淘汰了。可老太太实在没钱打扮自己的外孙女，只能力所能及地绣上几朵花。但没有想到，那时城里的女人正因为"没得穿"而发愁，她们看到女孩子的裤子时，不觉眼睛一亮，这女孩子简直就是开了女性服装之先河。爱美的城里女人纷纷去缝衣店里订做。于是，满大街都是绣了花的裤子。这种裤子先是在欧洲流行,后来又传到亚洲。女孩子们又都穿上绣花的裤子。

光脚丫不穿袜子,其实也是穷家女孩创造出来的。涂红脚指甲,也是乡下女孩子开的头。在南非,一个女孩儿到城里打工,在商店,她不小心打碎了柜台上的一瓶指甲油,后来发现指甲油染了她的脚指甲。这么贵的东西,她不忍心擦掉,于是就这么走在路上。结果,这反而成了一种时尚,这位女孩儿成了涂脚指甲油的开创者和传播者。

如果你去考察,你就会惊奇地发现,许多时尚的东西,并不是那些富人创造的,而恰恰是那些很不起眼的小人物或干脆就是一些穷人的无奈。这些时尚的发明,开始时,也并非都是什么乐事,它往往来自许多人的苦涩命运。

与你共品
yu ni gong pin

时尚的发明,开始时也并非都是什么乐事,它往往来自许多人的苦涩命运。

个性独悟
ge xing du wu

★文中写到了哪几种时尚的产生?文中几个例子证明了什么观点?

★请找出五个故事中的末句,看看它们表达上的不同,这样表达有什么好处?

★你觉得时尚都像文中所讲的故事那样产生于偶然吗?为什么?

★时尚来源于创新,请举几例说明。

作文链接
ZUO WEN LIAN JIE

与 SARS 较量
——一位护士长的日记／···佚 名

2003 年 4 月 26 日

今天,医院召开紧急动员大会,准备招一批医务人员上抗"非"前线。坐在身旁的小李第一个冲上前去报了名。我们科室的那些姑娘们总是那么积极。其实我早就有上"战场"的决心,可是她们总是劝我:"护士长,你不在家,萌萌怎么办呢?"是啊,萌萌今年就要高考,他爸爸是铁定要参加抗"非"战役的,如果我们都不在,她一个 18 岁的孩子怎么生活呢?

可是瞧瞧那些姑娘们,哪个不是舍小家为大家! 小李的孩子才两岁;小王身子一向弱,抵抗力差……身为护士长,我当然不能退缩。我想,萌萌会支持我的!

2003 年 5 月 3 日

已经过去一周了,我不知不觉已经在医院里生活一周了。不知道萌萌她过得好不好,有没有按时吃饭,学习辛不辛苦。一周都没有给她打电话,她一定会怪妈妈狠心,其实我也好想听听她的声音,只是我怕她会担心。

这一周,给我最大震撼的,还是我的那些病人们。他们中有的已经病得非常严重了,可从他们的眼睛里,看不到一点恐惧与慌张。他们每天微笑着,自信地说:自己一定能战胜病魔。502 的张大爷是个乐观开朗的老人,他患病不久,只有轻微的发烧, 看起来完全不像病人。他总是同病友们说:"我们要相信医生,要相信政府,更要相信自己!"是啊,只要团结一心,一定能战胜"SARS"这个敌人。

2003 年 5 月 7 日

今天,有一片乌云笼罩在我们医院上空。我们的主任因为几天几夜奋战在抗"非"前线,感染了病毒,不幸牺牲了。许多医务人员都哭红了双眼,病人也哭了。送完主任最后一程,我们全体医务人员又投入到紧张的工作中。看看我的那些同事们,他们都暂时忘却了悲伤,他们都懂得如何化悲痛为力量,也都明白我们日后的任务将更加艰巨。

SARS 离我们很近, 只要一不小心就会被感染到;SARS 又离我们很远,因为只要我们齐心协力,建筑起一道长城,就一定能抵御它的侵袭。

【简评】jian ping

抗击 SARS,是一场生与死的较量,相信许多人对这次战役记忆犹新。在党中央的正确领导下,全国人民众志成城,取得了抗"非"战役的伟大胜利。作者写作的题材虽大,切入的角度却很小。文章用一个护士长的三篇日记,写出了医务工作者亲临抗"非"一线的真实感受,充分体现了作者对国家大事的关心,具有强烈的时代感。

信念·毅力·进取精神
——读《哥伦布》/·· ·马燕桃

理想怎样才能变为现实? 今天,我从《哥伦布》一书中找到了答案。

合上书,我的眼前不禁出现了一幅画面:波涛汹涌的大海上,黑沉沉的天幕下,正有一行船队迎风破浪地前进。其中一艘的船头,站着一位 40 岁左右的意大利人。他面色严峻,正眺望前方。那双深蓝的眼睛里充满了坚毅而自信的光芒。他就是著名航海家哥伦布。

《哥伦布》一书介绍了哥伦布出海前后的详细情况。当时,哥伦布的航海计划（因为那时的欧洲，认为东方是一个黄金遍地的国家，盼望一条通往那里的海上捷径，所以哥伦布提出航海计划）遭到国王的拒绝，出人意料的是，葡萄牙国王和西班牙女王同意了，于是，哥伦布带领一支由三艘帆船组成的船队出发。一路上历尽艰辛，但他没有动摇，平定了叛乱，哥伦布终于发现了新大陆——美洲大陆。

他的发现震惊了全欧洲，他成功了，但并非偶然。那么，成功的秘诀是什么呢？是坚定的信念、顽强的毅力和百折不挠的进取精神。

古往今来，因具有以上说的三个方面的可贵精神而成为名人的人也大有人在。我国著名文学家曹雪芹，幼年家中被抄，长期居住在香山脚下一所破旧的小茅屋里，每天以稀粥度日。有人聘请他到宫中作画师，他谢绝了，一心一意地写书。一次，为了写"刘姥姥醉卧怡红院"的情景，他苦思一夜，辗转难眠，第二天，他亲自去城里观察了酒店中的酒鬼们，从而产生了灵感，以至于那一节写得那样生动、传神。就这样，经过十多年的辛苦，他终于写成了传世巨著——《红楼梦》。

波兰女科学家居里夫人，在上中学时，因家境贫困，不得不寄居在一间破旧的小阁楼里，课余打小工，深夜学习。冬天刺骨的寒风"呼呼"地灌进来，袭击着房屋的每个角落，为了取暖，她不得不在睡觉时把椅子压在身上。她以优异的成绩毕业于中学。后来，她和她的丈夫，也是她事业上最亲密的伙伴，共同致力于化学方面的研究。是她和她丈夫用血汗换来了丰硕的成果——1克镭。

可见，信念、毅力和进取精神就是使得事业成功的奥秘。

我有过许多理想，我曾想当一名书法家，可是一提笔练字时，又烦躁地写不下去，我也想当一名舞蹈演员，但又觉得太苦……许多美好的理想，像肥皂泡似的破灭了。今天读完《哥伦布》一书，我重新获得了信心和力量。我的理想是当一名科学家，致力于某方面的研究。遇到困难，别害怕，仔细想想，一定会解决；受到挫折，别灰心，相信你自己能成功。我确信：几十年后，我一定能成功，说不定，我的名字会载入《世界名人录》。

理想要成功，必须要有坚定的信念、顽强的毅力和百折不挠的进取精神。这是我从《哥伦布》一书中得到的最大启示。

【简评】
jian ping

　　文章脉络清楚,论点和论据紧密相连,中心明确。小作者从哥伦布的事迹里,得出结论:成功的秘诀是坚定的信念、顽强的毅力和百折不挠的进取精神。事例论据恰当:以曹雪芹、居里夫人为例,正面说理。然后以自己练字嫌烦、学舞太苦为反例,说明正因为缺乏坚定的信念、顽强的毅力和百折不挠的进取精神,使自己"许多美好的理想,像肥皂泡似的破灭了。"这一正一反的论据,使论点更有说服力。

走进扎染之乡
——大理周城／···　赵月芳

　　徜徉在扎染的世界里,我仿佛进入了一个迷幻的梦境。凤蝶成双成对地在花间上下翻飞,相互追逐。那轻盈的尾翼,如丝带般柔软、狭长,临风飘拂。它们那飘逸的神采,轻柔的舞姿与鲜花、草木、太阳、天空、世间万物合为一体,显得那么融洽,那么和谐。突然,这梦境般的世界在我眼前旋转上升,还原。我痴痴地看着眼前这块深蓝色的扎染布,全然不晓周围的一切……

　　很久以前,我就想拜访被誉为"大理白族扎染艺术之乡"的周城,去看看制作扎染的手工作坊。人说周城下至十余岁的孩子,上到年过花甲的老人,没有人不会这项手艺的,今日一见,果然名不虚传。

　　一脚踏进这极富民族特色的作坊,大大小小的染缸首先映入眼帘。带着强烈的好奇心向前迈步,这才看到十余块随风飘扬、正待晾干的扎染布。风中飘逸的是天然植物染料——板蓝根那股自然、淳朴的味道。

　　这是个典型的白族民居——"三坊一照壁"。一位年逾花甲的老奶奶,身着主色调呈红、蓝、黑三色的白族服装,坐在正对照壁的正房内,用画笔在大块的白布上勾勒着精美的图案。一个"小金花"坐在厢房里,把绘制好的图案缝扎起来。扎染布的"扎",表现的就是这道工序。另一侧的厢房外,两位白族阿嫂把扎好的布团放到染缸里,轻轻地搅和着,唱起白族民间小调,和一旁拆洗布团的阿伯你一句我一句地对起了歌。坐在正房里绘图的奶奶咧着嘴，用白族话直夸："唱得好！""小金花"听了，乐得放下了手中的活儿，直拍小手，也跟着哼了两句。站在照壁前正晾晒湿布的爷爷，含着烟斗，眯着眼，倾着身，还随着歌声用脚打着拍子。好一幅祥和安宁的景象。在这安详的气氛中，一家三代分工完成绘、扎、染、拆、晾这五个制作扎染的基础步骤。

二楼的"走马转角楼"挂满了各色各样的扎染制品。在热情好客的白族老奶奶的带领下，我们有幸进去参观。

这里真是个展示民间艺术瑰宝的世界。靛蓝的扎染布上，蝴蝶上下翻飞；深紫色的另一块上，星辰映衬；绿色的那块，树木林立。虽然这只是些简单的抽象图案，但形态生动，独具匠心，引得游客遐想连连。临别的时候，我不住回头望着眼前这极具民族特色的扎染作坊，望着这情意融融的小院，流连忘返，忘返流连……

走进周城，是因为那儿有白族民居建筑群"三坊一照壁"、"四合五天井"；是因为它有美丽古朴、畅销欧美、东南亚各国的民间扎染制品；还因为古戏台前，挺立着南北相对的两棵大青树，那俨然遮盖了整个天空的盘虬卧龙般的枝叶，一年四季都泛着浓浓的绿意，似乎渗透了空气、土壤和整个世界；还因为"家家门外石板路，户户门前溪水流"的周城中，有密如蛛网的石板路。沿着小巷流淌的汩汩泉水，妙似一只天然巧手，拨动根根细弦，奏出"嘈嘈切切错杂弹，大珠小珠落玉盘"般幽静而古朴的清音；还有人们款待宾客的拿手好菜——"酸辣鱼"那令人垂涎欲滴的独特味道；还有白族的传统习俗——绕三灵，掐新娘……

走过周城，走进这块"大理白族民俗的活化石"，你就了解了白族。

简评 jian ping

扎染的美丽图案把你带进一个五彩斑斓的梦幻世界，把你引入了染布高高飘扬的扎染作坊，揭示出扎染制作的奥秘。让你感受到了那股浸透在扎染中的宁静祥和、其乐融融的温馨。当你又跟随作者来到街头小巷，又会被那独具民族特色的民居、沿街的绿树浓阴、汩汩泉水和令人垂涎欲滴的风味鱼所吸引。文章语言简洁、优美而情意绵绵，让读者饱览了一幅白族民俗风情画。

干菜·小提琴·红玫瑰

岁月篇

人的生命会有终结的时候

而爱的火种却能穿越岁月流传下来

灯下伏案，眼眸里漫延着一种情绪

似小草单薄的身姿，摇曳四季的风铃

笔下的日子，沉默无语

铺上香草的甘味，在心里耕耘着尘封

或许，几盏渔灯，半山钟声，随月儿的清辉

漂泊亲亲故里

夜归人一枕清秋

纷飞的书卷，浓缩肆意的过往

伊旅的城市

握不住岁月的根蒂

低低的乡调

阅历发丝的稀松

吹灯落梦，遥远在儿时戏蝶

快乐阅读
kuai le yue du

信念的力量 / ···鲁先圣

鲁西南深处有一个小村子叫姜村，这个小村子因为这些年几乎每一年都要有几个人考上大学、硕士甚至博士而闻名遐迩。方圆几十里以内的人们没有不知道姜村的，人们会说，就是那个出大学生的村子。久而久之，人们不叫姜村了，大学村成了姜村的新村名。

姜村只有一所小学校，每一个年级一个班。以前的时候，一个班只有十几个孩子。现在不同了，方圆十几个村，只要与村里有亲戚的，都千方百计把孩子送到这里来，人们说，把孩子送到姜村，就等于把孩子送进大学了。

在惊叹姜村奇迹的同时，人们也都在问，都在思索。是姜村的水土好吗？是姜村的父母掌握了教孩子的秘诀吗？还是别的什么？

假如你去问姜村的人，他们不会告诉你什么，因为他们对于秘密似乎也一无所知。

二十多年前，姜村小学调来了一个五十多岁的老教师，听人说这个教师是一位大学教授，不知什么原因被贬到了这个偏远的小村子。这个老师教了不长时间以后，就有一个传说在村里流传。这个老师能掐会算，他能预测孩子的前程。原因是，有的孩子回家说，老师说了，我将来能成为数学家；有的孩子说，老师说我将来能成作家；有的孩子说，老师说将来我能成音乐家；有的说，老师说我将来能成钱学森那样的人，等等。

不久，家长们又发现，他们的孩子与以前不大一样了，他们变得懂事而好学，好像他们真的是数学家、作家、音乐家的材料了。老师说会成为数学家的孩子，对数学的学习更加刻苦，老师说会成为作家的孩子，语文成绩更加出类拔萃。孩子们不再贪玩，不用像以前那样严加管教，孩子也都变得十分自觉。因为他们都被灌输了这样的信念：他们将来都是杰出的人，而有好玩、不刻苦等恶习的孩子都是成不了杰出人才的。

家长们很纳闷儿，也将信将疑，莫非孩子真的是大材料，被老师道破了天机？

就这样过去了几年，奇迹发生了。这些孩子到了参加高考的时候，大部分都以优异的成绩考上了大学。

这个老师在姜村人的眼里变得神乎其神,他们让他看自己的宅基地,测自己的命运。可是这个老师却说,他只会给学生预测,不会其他的。

这个老师年龄大了,回了城市,但他把预测的方法教给了接任的老师,接任的老师还在给一级一级的孩子预测着,而且,他们坚守着老教师的嘱托,不把这个秘密告诉给村里的人们。

我的几个好朋友就是从姜村走出来的,他们说,他们从考上大学的那一刻起,对于这个秘密就恍然大悟了,但他们这些人又都自觉地坚守起了这个秘密。

听说完这个故事,我一直在被这位可敬的老师感动着。人世间还有什么力量能超过信念的力量呢?他通过中国最传统的方式,在这些幼小孩子的心灵里栽种了信念啊!

与你共品
yu ni gong pin

每个人都希望能预知自己的前程,其实命运就掌握在自己手中。努力吧,朋友,我们每个人都能获得成功。

个性独悟
ge xing du wu

★这个老师真的能掐会算吗?为什么他不给别人看宅基地,测命运?

★孩子们为什么不再贪玩,变得十分自觉?

★姜村成为大学村的秘密是什么?

老母识字 / ···金 鑫

　　母亲劳累一生,却不识字。那个年代,因为家境贫寒,她刚念了几天书,就被外公用柳条抽回了家,她的童年,与书本无缘。在外公眼里,与其上学,倒不如帮着割猪草来得实惠些。母亲识字的愿望,后来就全都寄托在我们身上。

　　前年起,母亲随我住进城里。每当我在书房里看书、上网、写作时,母亲就静静地坐在远处,深思中,仿佛在追忆一个遥远的梦。我想偿还母亲一个平生未了的心愿——识字。

　　我将这个想法告诉母亲,她直摇头:算了算了,都六十几岁的人了,学不上学不上。我对她讲,电视里放了一个叫王泽伦的老太太,八十多岁的人了,才开始学习,最后还写了一本回忆录呢。母亲笑起来,不再坚持。若干年前,她给我们以人生的启蒙,现在,自己的儿子教识字,这让她多少有些欣慰。我从最简单的字开始教起,母亲端端正正地坐着,像个孩子一样认真,两手不停地摆弄着那支笔,不停地点头,显得有些拘谨,有些紧张。我在讲说时,她的鼻尖上,甚至沁出细细的汗珠来。一个年过花甲的老人和母亲,刹那间成为学生,她也许觉得是不可思议的事情。

　　母亲写字时,似乎很卖力,写出的字,有时甚至将纸张都划破了。

　　那双长满老茧的手,可以娴熟地挥舞一把雪亮的镰刀,可以稳稳地搬起一袋沉重的谷物,但对于一支轻松的笔,却显得有些笨拙。她写得很慢,细细的笔尖在纸上缓缓地走着,像她撑过的那艘乌篷船,穿过流逝的岁月,追溯着那曾经的艰辛与苦难。

　　奇怪的是,以后每天下班回家,母亲对我的态度竟显得有些恭敬,仿佛学生见到老师一样。写字的时候,我在旁边要看,母亲总是遮挡着不让,她怕写得不好,总是难为情地捂着说,还没到时候哩。我偷偷地找过几次,也不知道她的"作业本"藏在哪里。

母亲识字,以看为主,她想多识一些字,写得并不多。除了我教的,她从来不主动问,每次讲一两个字,她就说,行了行了,你忙你的吧。也许,她不想占用我太多的时间。

有一次,母亲下乡,我帮她把被子拿出去晒。掀起床单,哗啦啦地掉下一叠纸,捡起一看,全是母亲写的"作业",其中十几张,正反两面写满了我们全家人的名字,父亲的,哥哥的,姐姐的,我的……那些字,歪歪斜斜的,个别字还一律写错了笔画,却有如碑文一般,令我肃然起敬。

在我们上班的日子里,家务之余,老母亲趴在桌上,一笔一画地写着,如冷水泡茶,似温火煎药,排遣着淡淡的孤独,抒发着悠悠的思念,品味着老来识字的丝丝甜蜜。这迟来的幸福感觉,让她足足等了半个多世纪。

与你共品
yu ni gong pin

那长满老茧的手,可以娴熟地挥舞一把雪亮的镰刀,可以稳稳地搬起一袋沉重的谷物,但对于一支轻松的笔,却显得有些笨拙。

个性独悟
ge xing du wu

★"我"在书房中时,母亲静静地"追忆一个遥远的梦","梦"是什么?

★具体说说母亲为什么学写字。面对母亲的"作业",我肃然起敬的原因是什么?

★文中表达了儿子对母亲什么样的感情?

快乐阅读
kuai le yue du

干菜岁月 / ···舒 婷

妹夫的朋友也是知青,他乘出差之便,回了一趟插队的地方。妹夫得到朋友送的两扎干菜,邀请我们去"忆苦思甜"。

可是妹妹采用肉多菜少的改良主义,把它粉饰成时髦名肴:梅干菜扣肉。虽然面目全非,我们仍然吃得感慨万分。

三十年前我们落户的地方山高水寒,长得最好的蔬菜只有芥菜。半年吃鲜半年吃干菜,可谓朝夕相见。鲜菜贱的时候极贱,芥菜饭、芥菜粥、菜梗炒肉丝(有肉的日子屈指可数)、青菜叶氽鸭蛋汤等等,真是把芥菜机关算尽。干菜的节目单就没有那么热闹,能搁一块肥肉在大海碗干菜上,蒸得油汪汪的,跟过年也差不多了。平时浇一勺米汤滑口些罢。眼看干菜不能坚持到来春,精打细算地撒一把切碎的干菜,放在盐水里烧汤,也能下两碗饭。咳,若连干菜也接济不上就惨了,只好烧点酱油汁调饭。

茄子、丝瓜、南瓜都赶在夏天锦上添花,唯有干菜在凋敝的冬日雪里送炭。这就是"食不厌精"的今天,我们回过头去,对干菜充满感激之情的缘故。

我们戏称"一枝春"(乌龙茶类之一)的干菜,和茶叶一样干瘪苦涩,毫无维生素可言。但我们未经紧肤液护手霜料理过的皮肤细腻白皙,我们不知护发素为何物的头发乌黑亮滑,是因为溪水的滋润山风的呵护吗?我们的肠胃要如何脱胎换骨成为无坚不摧的压榨机,才能把这些绳索一般的纤维消化成最基本的营养?我们的血液要如何紧缩开支,才能将有限的能量分配给大脑,让我们不知疲倦地彻夜唱歌、打扑克、聊天,读辗转求得且限时归还的小说,兼顾我们的手脚,要插秧、莳田、吆牛、割禾,更不能忽略我们的腰背,它承担所有最繁重的劳动;比方肩挑上百斤公粮翻 30 里大山,最后还有我们的心:因饥肠辘辘而耗尽想像力去画饼,因离乡背井而床前明月乱如麻,因招工招生而七上八下,因爱情而沮丧而碰撞而奔高跃低。

我们说心跳得很快时,干菜仍然尽职维持着肾上腺素的时效。

当初与干菜并非一见钟情,餐餐顿顿在房东家的饭桌上唯此冤家,让我们恨死。知青点自开伙食后,既不懂也懒得拾掇菜地,慢慢习惯与干菜做贫贱夫妻。如今年近半百阅尽这菜那菜,重新品尝干菜岁月,蓦地阵阵热浪直达眼眶,有如初恋一般酸甜兼半。

读张贤亮一篇随笔,提醒我们在回味右派流放途中的九死一生,五七干校"牛鬼蛇神们"的黄连树下弹琴,以及知青生涯里某些方面寸利必争某些分子又相濡以沫的历史时,不要粉饰或篡改真实,不要忘记憎恨苦难、声讨暴力,不要忘记为更多在贫困、屈辱、绝望中丧失前途、信念乃至宝贵生命的人们作证。

至少,不要背着舌头歌颂美丽的干菜。

是的,当我们说枯槁的干菜岁月时,我们怀念的是自己多汁的青春时代,虽然有悔。

与你共品
yu ni gong pin

文章侧重写那个年代的艰辛与苦涩。在那个年代里,是干菜为我们"雪里送炭",干菜成了我们饭桌上的"冤家",而今年近半百的"我们",阅尽这菜那菜,"重新品尝干菜岁月",我们焉能不对干菜"充满感激之情"呢?因为"干菜"毕竟是那段历史的见证,我们虽不歌颂"顿顿干菜"的生活,但我们有什么理由忘记"它"呢?

个性独悟
GE XING DU WU

★我们为什么对干菜充满了感激之情？

★第三、四、五段表达了作者怎样的思想感情？

★第五、六段主要写知青岁月的生活，着重写了知青生活的"苦"与"乐"、"爱"与"忧"。作者是怎样表达以上几个内容的？

★第八段的"提醒我们……不要粉饰或篡改真实，不要忘记憎恨苦难、声讨暴力，不要忘记为更多在贫困、屈辱、绝望中丧失前途、信念乃至宝贵生命的人们作证。"有着怎样的深刻含义？

★怎样理解末尾一段的含义？

快乐阅读
kuai le yue du

把耳朵叫醒 / ···潘 炫

他是一个年轻的画家，但他很孤独，因为他是一个贫困潦倒无人赏识的画家。几次求职，堪萨斯城只让他平添了几许失望与颓废。

后来，他终于找到了一份工作，替教堂作画。虽然报酬极低，他又无力租用画室，但他仍像抓住了一根救命稻草似的，全力以赴不敢懈怠。

当时，他借用了一间废弃的车库作为临时办公室，可事情并没有如他期望的那样，命运没有出现一丝转机。微薄的报酬入不敷出，他如一只困兽，在昏暗发霉的车库里等待命运的安排。

有一段时间，他甚至听到了死神的脚步声。他熄了灯，陷入了空虚与无望的黑暗中。周围静得可怕，又似乎吵闹不休，他失眠了，夜夜失眠，手中的画笔也断然搁下了，没了灵感，没了生机。

更令他心烦的是，每次熄灯后，一只老鼠就吱吱地叫个不停。他想拉开灯赶走那只讨厌的家伙，但疲倦的身心让他干什么都没劲，所以他只好听之任之了。反正是失眠，他就去听老鼠的叫声，他甚至能听到它在自己床边的跳跃声。渐渐地，他听到了一种美妙的音乐，如一个精灵在这个无人知道的午夜与自己默默相伴。

他悲天悯人的情怀放纵着那只小老鼠。不只在夜里，白天它偶尔也会大摇大摆地从他的脚下走过。他没吓唬它，它便得意忘形地在不远处做着各种动作，表演着精彩的杂技。小老鼠使他的工作室有了生机。它成了他的朋友，他则成了它的观众，彼此相依为命。小老鼠也心安理得地分享着他的面包。到最后，它竟大胆地爬上他的画板，并在上面有节奏地跳跃，他默默地享受着一种难以言传的情意。

不久，年轻的画家离开了堪萨斯城，被介绍到好莱坞去制作一部以动物为主的卡通片。这是他好不容易才得到的机会，他听到了理想的大门"吱"的一声开了一条缝。前途是光明的，道路却是坎坷的，他的作品被一一否决，他再度陷入了举步维艰的地步。

又是一个不眠之夜，他开始怀疑自己真的没有作画的天赋，而且一文不值。

那是一个与平常一样漫漫的长夜，他突然听到一声"吱吱"，那是老鼠的叫声。这一刻，灵光一现，他拉开了灯，支起画架，画出了一只老鼠的轮廓。

有史以来最伟大的动物卡通形象——米老鼠就这样诞生了。

这位年轻画家就是后来蜚声世界的美国人沃尔特·迪斯尼。

原来，灵感只青睐那些愿意倾听的耳朵。如果不是这样，谁会想到，曾经在那间充满汽油味的车库里生活过的老鼠会成为世界上最负盛名的卡通影片的祖宗；谁又会想到所有迷惘与失败的声音在耳朵和心头纠缠过的迪斯尼会名噪全球！

当命运迈着嘈杂的脚步，当不幸一路呼啸着向我们奔来，我们除了默默承受，也不能忘记给自己留一只清醒的耳朵。即使，黑夜已来临，所有的梦想都沉睡，你也不应该忘记把耳朵叫醒。

——把耳朵叫醒，然后，倾听世界。相信，总有一个声音属于成功。

与你共品
yu ni gong pin

　　《把耳朵叫醒》拟题含义丰富、匠心独具。作者独具慧眼、善于筛选、取舍材料。以短小的篇幅勾勒出画家迪斯尼从贫困潦倒到一举成名的过程，启迪千千万万在迷惘和失败中祈求命运惠顾的人们：机会永远只属于不屈服于命运并时刻准备着的人。

个性独悟
ge xing du wu

★阅读全文，请用一句话概括"把耳朵叫醒"的含义。
★说说迪斯尼成功的原因。（体味文章内涵）
★怎样理解"灵感只青睐那些愿意倾听的耳朵"？（品味重要词句）
★自选角度，说说读本文之后的感受。（表达阅读感悟）

快乐阅读
kuai le yue du

小提琴的力量 / ··· [法]西蒙娜·兰姆

　　每天黄昏的时候，我都会带着小提琴去尤莉金斯湖畔的公园内散步，然后在如血的夕阳中拉曲《圣母颂》，或是在迷蒙的暮霭里奏响《麦绮斯冥想曲》，我喜欢在那悠扬婉转的旋律声中编织自己美丽的梦想。小提琴让我忘掉世俗的烦恼，把我带入一种田园诗般纯净恬淡的生活中去。

　　那天中午，我驾车回到离尤莉金斯不远的花园别墅。刚刚一进客厅门，我就听见楼上的卧室里有轻微的响声，那种响声我太熟悉了，是我那把阿马提小提琴发出的声音。"有小偷!"我一个箭步冲上楼,果然不出我所料,一个 12 岁左右的少年正站在那里抚摩我的小提琴。那个少年头发蓬乱,脸庞瘦削,不合身的外套鼓鼓囊囊,里面好像塞了某些东西。我一眼瞥见自己放在床头的一双新皮鞋失踪了,看来他是个贼无疑。我用结实的身躯堵住了少年逃跑的路,这时,我看见他眼里充满了惶恐、胆怯和绝望。就在刹那间,我突然想起了记忆中那块青色的墓碑,我愤怒的表情顿时被微笑所代替,我问道:"你是拉姆斯敦先生的外甥鲁本吗? 我是他的保姆,前两天我听拉姆斯敦先生说他有一个住在乡下的外甥要来,一定是你,你和他长得真像啊! "

听见我的话,少年起先一愣,但很快他就接腔说:"我舅舅出门了吗? 我想我还是先出去转转,待会儿再来看他吧。"我点点头,然后问那位准备将小提琴放下的少年:"你很喜欢小提琴吗?""是的,但我很穷,买不起。"少年回答。"那我将这把小提琴送给你吧。"我语气平缓地说。少年似乎不相信小提琴是一位保姆的,他疑惑地望了我一眼,但还是拿起了小提琴,临出客厅时,他突然看见墙上挂着一张我在悉尼大剧院演奏的巨幅彩照,于是浑身不由自主的战栗了一下,然后头也不回地跑远了。我确信那位少年已明白是怎么回事,因为没有哪一位主人会用保姆的照片来装饰客厅。

那天黄昏,我破例没有去尤莉金斯湖畔的公园里散步,妻子下班回来后发现了我的这一反常现象,于是忍不住问道:"你心爱的小提琴坏了吗?""哦,没有,我把它送人了。""送人? 怎么可能! 你把它当成了你生命中不可缺少的一部分。""亲爱的,你说的没错。但如果它能够拯救一个迷失的灵魂,我情愿这样做。"看见妻子并不明白我说的话,我就将当天中午的遭遇告诉了她,然后问道:"你愿意再听我讲述一个故事吗?"妻子迷惑不解地点了点头。

"当我还是一个少年的时候,我整天和一帮坏小子混在一起,有天下午,我从一棵大树上翻身爬进一幢公寓的某户人家,因为我亲眼看见这户人家的主人开车出去了,这对我来说,正是偷盗的好时机。然而,当我潜入卧室时,我突然发现有一个和我年纪相当的女孩半躺在床上,我一下子怔在那里。那位女孩子看见我,起先非常惊恐,但她很快就镇定下来,她微笑着问我:'你是找五楼的麦克劳德先生吗?'我一时不知说什么好,只有机械地点头,'这是四楼,你走错了。'女孩的笑容甜甜的。我正要趁机溜出门,那位女孩又说:'你能陪我坐一会儿吗? 我病了,每天躺在床上非常寂寞,我很想有个人跟我聊聊天。'我鬼使神差地坐了下来。那天下午,我和那位女孩聊得非常开心。最后,在我准备告辞时,她给我拉了一首小提琴曲《希芭女王的舞蹈》。看见我非常喜欢听,她又索性将那把阿马提小提琴送给了我。就在我怀着复杂的心情走出公寓,无意中回头看时,我发现那幢公寓楼竟然只有四层,根本就不存在所谓的居住在五楼的麦克劳德先生!也就是说,那位女孩其实早就知道我是一个小偷,她之所以善待我,是因为想体面地维护我的自尊!后来我再去找那位女孩,她的父亲却悲伤地告诉我,患骨癌的她已经病逝了。我在墓园里见了她青色的石碑,上面镌刻着一首小诗,其中有一句是这样的:'把爱奉献给这个世界,所以我快乐!'"

妻子早已在我的叙述中泪流满面,她激动地说:"亲爱的,我是多么感激那位让你成长为一个优秀的小提琴演奏家的女孩啊!"

三年后,在墨尔本市高中生的一次音乐竞技中,我应邀担任决赛评委。最后,一位叫梅里特的演奏小提琴的选手凭借雄厚的实力夺得了第一名!评判时,我一直觉得梅里特似曾相识,但又想不起在哪里见过。颁奖大会结束后,梅里特拿着一只小提琴匣子跑到我的面前,脸色绯红地问:"布里奇先生,您还认识我吗?"我摇摇头,"您曾经送过我一把小提琴,我一直珍藏着,直到有了今天!"梅里特热泪盈眶地说:"那时候,几乎每一个人都把我当成垃圾,我也以为我彻底完蛋了,但是您让我重新拾起了自尊,让在贫穷和苦难中挣扎的我心中再次燃起了改变逆境的熊熊烈火!今天,我可以无愧地把小提琴还给您了……"

梅里特含泪打开琴匣,我一眼瞥见自己的那把阿马提小提琴正静静地躺在里面。梅里特走上前紧紧地搂住了我,三年前的那一幕顿时重现在我的眼前,原来他就是"拉姆斯敦先生的外甥鲁本"!我的眼睛湿润了,电光石火间,我仿佛又听见那位女孩凄美的小提琴曲,但她永远都不会意识到,她的纯真和善良曾经是怎样震颤了两位迷途少年的心弦,让他们重树扼住命运咽喉的信念!

与你共品
yu ni gong pin

你想知道艺术能给人以多大的魅力吗?你想知道爱能给人带来多大的力量吗?你想知道一句美丽的谎言却能改变一个人的命运吗?本文会告诉你一切。一位病危的女孩,用爱的博大与宽容唤醒了迷途少年的心,这位迷途少年"我"又用同样方式使另一位相同经历的少年拥有笑对生活的勇气和重启风帆的力量。

爱的力量就是这样的伟大,人的生命会有终结的时候,而爱的火种却能穿越岁月传递下来。

个性独悟
ge xing du wu

★小提琴在"我"生活中有怎样的作用?为什么"我"每天黄昏的时候,都会带着小提琴去尤莉金斯湖畔的公园内散步?

★小提琴是"我"生命中不可缺少的一部分,但"我"却把它送给了偷窃少年,目的是什么?从文中哪处文字看出"我"的目的实现了?

★文中的少年是怎么明白"我"在说谎的?"我"又是如何确信女孩在说谎?

★文中哪句最能体现改变两位迷途少年的女孩的纯真、善良的美好心灵?

快乐阅读
kuai le yue du

送给母亲一束红玫瑰/···杨德芹

母亲老了。皱纹像蚯蚓般地爬上了眼角眉梢,曾绿云扰扰的黑发变成了灰白的秋霜,枯瘦的手像皲裂的松皮,手掌上密密地散布着树结一样坚硬的老茧,沉重繁琐的劳动把母亲曾亭亭玉立的身躯压得有些伛偻,如不堪重负的修竹,痛楚地弓起了它的腰杆。只有那一双充满深情的眼眸,像永不干涸的山泉,映出了母亲曾经拥有的年轻貌美……

　　母亲是个私塾先生的女儿,家贫。她之所以嫁给父亲,是因为做买卖的父亲家里所出的厚重聘礼足以让自己痴呆的哥哥换个能干的媳妇。父亲之所以娶母亲,是因为父亲的父母相中了她的仪态端庄,容貌如花。新婚之夜,两个从未谋面的陌生人竟默坐了一夜。母亲念过书,又聪慧机灵,对月吟诗,浴雨赋词,临风唱曲,雅兴十足。夜里,当只知赚钱的父亲在账房里把算盘扒得劈啪劈啪直响时,母亲却抱着琵琶在闺房中把弦拨得清脆悠扬,似雁落平沙,若月穿彩云。父亲常忙着外出做买卖,独守空房的母亲便拿起针线,绣起蝶恋花、鸳戏水、龙伴凤图案的丝巾来。小时候,我就见过这些丝巾,但我却不知道它们原本不是绣给父亲的,尽管如此,母亲仍像千百个那时的女人一样,默默地为父亲生儿育女,操持家务。我们兄妹三人来到人世后,父亲仍然潜心他的买卖,母亲则收起了诗人般的雅兴,全心尽力地喂养我们。"文革"中,父亲被当做了"吃人"的资产阶级,被割掉了"尾巴",抄家,挨批斗。父亲不忍其屈、不堪其辱,含恨而去。

　　生意没了,祖父母年老体弱,我们年纪尚幼,家里的日子越来越艰难。于是娇弱的母亲扛起犁耙,从深闺中走向了田野。她那份曾经的悠闲也随之丧失殆尽。每天夜里,从房里传来的不再是悠扬的琴声、琅琅的诗音,而是劳累后母亲沉重的叹息。这时,一个粗壮结实的男人常来家中,他的到来,大大减弱了母亲的叹息。那时因缺粮缺盐,祖父母全身浮肿,病倒在床。那人时不时地扛来一袋米,捎来一包当时有钱也买不到的盐巴,祖父母的病竟因此不治而愈,很快就能下床了。看得出来,失去了儿子的依托,祖父母倒挺喜欢这个人的到来。但大哥却非常讨厌他,并把我和小妹召集到一起说,这家伙不怀好心,他来是想抢走妈妈的,说不定我们还要改姓呢。我和小妹都不甚懂事,但妈妈可是我们的惟一依靠啊。绝不能让他抢走!于是我们就想尽办法来捉弄他,给他难堪。有一次母亲不在家,我们远远地看见那人进了村,就合力把一大桶涮锅水悬在门上,那人一跨进门,水就哗哗地倾在了他身上,把他浇成了落汤鸡。我们还觉得不解恨,拣起准备好的土块狠劲地往他身上砸,打得他狼狈而逃。母亲回来后,平生第一次打了我们。任性的大哥带着我们在夜里逃出了家门,在一个岩洞里饿着肚皮呆了三天,急得母亲好几次晕倒在地。以后就再也没见过那男人了。后来听人家说,那男人原来是母亲青梅竹马的恋人,因付不起聘金被迫到了远处的一个煤矿场,得知我们家的事后特地赶回来的。那件事后,母亲坚决地把他赶走了,并发誓说永不见他。虽然如此,但看得出来,母亲是很惦念那人的。

每当黄昏,母亲迎着西沉的斜阳,静默地伫立在村头,遥望着那人来时的路。夜里对着那绣满图案的丝巾发呆,偶尔,也能听到母亲的琴声,如泣如诉。

母亲仍然是我们的母亲。像侍弄自己的庄稼一样,母亲细心地呵护着我们的成长。家中的生活虽然贫苦,但母亲却从无怨言,并不惜一切地供我们兄妹三人上学。绣花书包,千层底黑面布鞋,鲜红的蝴蝶结,母亲总是把穿着破旧的我们收拾得干干净净、体体面面,不时引来其他孩子艳羡的目光。如不是很疲倦,母亲还会应我们的要求,三兄妹拥坐在母亲怀里,围着淡黄的灯光,吃着香甜的烤红薯,听她讲各种神的故事,诵读优美的诗文。我们的心也随之飞上了天庭、潜入了龙宫,神游在美好故事的世界里,我们也在母亲那里初次嗅到了诗文优雅的气息,像煮熟的白米饭所散发出的香味一样诱人。我们是那样地深爱着母亲,生怕哪一天她会突然离我们而去。母亲似乎也知道我们的心思,对那些踏破门槛说破嘴皮的媒婆,母亲闭门不应。岁月,在母亲的孤寂煎熬中迂回徘徊,却在我们兄妹的欢笑中飞快流逝。

我大学毕业那年,母亲突然变得爱打扮起来,碎花布衣服、天鹅绒丝巾、磨砂面旅游鞋,还真有些青春气息。原来母亲听人劝说认识了一位文化馆干部,两人有着同样的兴趣爱好,谈起话来很投机。长大的我们经历了人世沧桑,逐渐领悟了母亲的内心情感,因此一直为当年撵走那位挖煤男人而深感内疚。这次我们高兴了,孤寂一生的母亲终于有个伴了。可不久,母亲便气冲冲地回来了。一问才知那人是个势利眼,当他转弯抹角地探窥出母亲是个农民,没有退休金,并为哥买房欠下了上万元的债,且我和小妹都还未有对象时,他摊牌说他不愿找个虱子在头上捉。全家大骂这家伙冷酷无情,母亲脸上刚刚泛起的光彩又黯淡了下来。

大哥结婚了,今年情人节,我和小妹也都收到了心上人送来的红玫瑰。母亲很高兴,把玫瑰放在手上仔细打量。母亲说,她从不知道玫瑰竟是这样的鲜红,这样的芬芳,这样的迷人。她说她一辈子也没真正拥有自己的红玫瑰。是啊,母亲年轻时所处的是一个没有玫瑰的时代,后来为了我们,她又不得不放弃曾捧到手里的玫瑰。而今,在这个假玫瑰泛滥的时代,母亲已失去了拥有爱情的资本:青春、美貌、地位、金钱……母亲把玫瑰又放在鼻尖上仔细地闻了闻,郑重地还给我,然后颤巍巍地走进了自己孤寂的卧室。父亲泛黄的照片还挂在那里,旁边搭着母亲自己绣的丝巾:蝶恋花、鸳戏水、龙伴凤……我的眼泪倏地落了下来,一滴滴地打在玫瑰鲜红的花瓣上。

母亲节到了,我无以为礼,买来了一束鲜红的玫瑰,为曾欠予母亲玫瑰的已逝的父亲,为曾夺走母亲手中玫瑰的我们,奉献给我至亲至爱的母亲。

与你共品
yu ni gong pin

那样一个吟诗赋词,雅兴十足的母亲被岁月淘洗成了满鬓秋霜、满手老茧的老妇,她生命里的三个男人没有一个给他鲜红的玫瑰,伴随她一生的都是痛苦和不幸。但母亲又是幸福的,她的儿女愿用一生去感激她,敬爱她。

个性独悟
ge xing du wu

★读第一段,你心里的感受是怎样的? 尤其是"只有那双充满深情的眼睛,像永不干涸的山泉,映出了母亲曾经拥有的年轻貌美……"这一句,带给你怎样的震撼呢?

★读第二段,"母亲仍像千百个那时的女人一样"一句,你读出怎样的弦外之音? 从第二段,你了解到母亲是怎样的一个人?

★第六段,母亲说:"她一辈子也没真正拥有自己的红玫瑰"是什么意思?

★怎样理解最后一段所包含的作者的情感?

快乐阅读
kuai le yue du

花开花落两无言 / ···尤天晨

传达室的冯大爷拿着一张纸条在门外向我示意时，我正在讲台上接受市教研室领导关于"青年骨干教师"的最后一道程序的考核——一堂语文公开课。我抽到的课题是朱自清的《背影》。我让学生齐读"父亲"为"我"买橘子的那段文字，然后悄悄接过冯大爷手中的纸条（其实是乡下表哥打来的电话记录）——上面赫然写着父亲病故的噩耗！

我听见悲痛在脑门前炸响的霹雳，艰难地平衡着失去重心的身体，命令自己保持镇静。恍惚间，我看见父亲隆起的后背正从我心里一步步离去。在学生们清亮整齐的朗读声中，他蹒跚地走到铁道边，慢慢探下身去，然后吃力地攀上月台，买回朱红的橘子抱在怀中，复而向我走来……

我浑然不觉地和父亲一起进入《背影》的情境。我从未有过像今天这样完全沉浸在自己的讲述中……热烈的掌声给这堂公开课画上了一个圆满的句号，而我脸上不知何时已是一片冰冷的潮湿。父亲，你为什么长着那样温暖而又那样丑陋的驼背？

父亲是一个石匠，靠打制石磨为生。因为他的驼背，40岁才娶了痴呆的母亲，42岁才生了我。我是在父亲带有弧度的怀里长大的。黑夜里，父亲只能侧卧的身体是一张弓，我是弓上的弦，夜夜枕着他的鼾声入眠。白天，父亲系在腰间的布兜是我安全的摇篮，我像小袋鼠一样在父亲的怀里倾听他那声气韵悠长的"打磨口来——"……走村串户，一年又一年。

仿佛一场梦的工夫，我已长成翩翩少年。父亲的背越来越驼，我的成绩也越来越好。父亲看我的眼神犹如审视一轮尚未打錾完工的石磨，但他对自己的技艺充满信心。

　　时代的发展渐渐萎缩了石磨的市场，父亲却出色地完成了打錾我的第一道工序。我以优异的成绩从村小的复式班考入县中，在乡亲们中轰动一时。父亲驼背上负载的希望是把我培养成"吃皇粮"的文化人。父亲在乡亲们的预言中透支着遥远的幸福，脸上开放着由衷的笑容。接过父亲千锤万錾从磨齿间铣下的学费，我小鸟一样飞向另一个新奇广阔的世界。

　　进入初中，有些粉嫩的心思开始进入我的梦乡，青春正在体内晃晃悠悠地苏醒、抽节。我和所有的男生一样开始把自己的最整洁、最英勇、最光彩的一面有意无意地向女生们展示。我们到了爱美的年龄。有一次，我的脸上不知怎么沾上了墨水印却毫不知情，结果被一个同学当众指出，引得全班同学捧腹大笑。这个洋相令我既气恼又伤心。尤其是漂亮的文体委员夏小舞也在偷偷地笑。她怎么可以笑呢？要知道她是我有生以来最在乎的一个女生。

　　我沮丧到了极点。

　　父亲就在我最失意的深秋带着山里人的拘谨，把他两鬓苍茫的枯瘦面庞探进我们静静的课堂。他像无数次到村小复式班上找我一样，自由主义地对老师说："我找狗娃。"教室里立即发出吃吃的笑声，所有的目光都在搜寻是谁拥有这个粗俗的乳名。我羞得脸颊发烫，迟迟不愿站起来承认自己的身份。在老师觉得"查无此人"时，父亲干脆走进课堂，惊喜地指着我说："狗娃，爹叫你咋不应咧？"我绝望地接受了父亲的驼背已完全暴露的现实。我第一次觉得父亲是那么卑微、丑陋和猥琐，他的到来像一把锤子在我已经如玻璃一样易碎的自信上又敲打了一遍。我感到同学们的目光里充满鄙夷和不屑，我还悲伤地想起，父亲的驼背反应到夏小舞脸上的表情一定是那种夸张的惊讶，我再也无法赢得她的好感了。我几乎要崩溃了。

　　带着隐私被曝光的羞辱和愤怒，我逃也似的离开教室。父亲继续佝偻着身子气喘吁吁地走到宿舍。我对父亲送来的鸡蛋和提前备好的棉衣毫不理会。

　　"狗娃，你咋啦？"父亲不解地问。

　　"咋啦？"我鼻子一酸，眼泪簌簌地掉下来："爹，缺什么我放假会自己回家去拿，谁要你这样——跑到教室里，让全班同学看我的笑话！"

　　那个中间的停顿是我在弯腰模仿父亲的驼背。

　　父亲脸上最初的惊喜被我的一番话冻结成一幅生硬的雕塑。这一瞬间，他的容貌在急剧地衰老。好一会儿，他才恢复了神志似的，喃喃地说："那，爹走了……"刚走两步，又回头，从贴身的口袋里掏出 10 块钱递给我……目送父亲的驼背渐渐远去,我隐隐觉得自己有点过分。

父亲果真从此不再来学校找我。放假回家,我和父亲之间已经找不到原先的亲热。父亲在我的假期里尽量给我改善伙食,我则利用点滴时间看书学习以宽慰父亲望子成龙的苦心。我们谁都不提那次不愉快的见面,可我们又分明能从对方身上触景生情地想起那一幕。吃完饭,我做功课,父亲就默默地坐到门口的槐树下打錾一轮巨大的石磨。这是父亲在连续8个月没能揽到一次手艺活后,给自家打制的一轮石磨。这是他一生中铣得最大,錾得最精,耗时最长的一次制作。在叮叮当当的敲击声中,父亲的神情凄凉而悲壮。

父亲"失业"了。

整个初一,除了和父亲的那点不愉快,书倒是读得风调雨顺,我很快就被编入初二"强化班",与众多的尖子生群雄逐鹿。"强化班"的征订资料多起来,学习时间长起来,伙食标准高起来……这些直接导致了父亲的日子难起来。而沉默寡言的父亲依然在每个月末登上槐树下那轮石磨,用最急切的目光把我盼回来,再用最不舍的目光把我送走。一次次地从父亲的手里接过略多于我生活所需的钞票,我总是不相信我们贫穷的家底还有如此巨大的弹性。最令我疑惑的是父亲的双手和脸上常常可见锐器划伤的痕迹。父亲说,人老了,风一吹皮肤就开裂,没事的。

大约是6月的一天,学校例外放了三天假。我像往常一样乘车回到镇上,再准备徒步走回村里。6月的阳光已跃跃欲试地卖弄它的炎热。途经一片砂石场,见几条装满砂石的大船正停在离我不足10米的河岸边,许多民工正用柳筐竹箩一趟趟将船上的砂石运送上岸,再由建筑队用拖拉机运走。突然,我看见父亲挑着一担砂石从船舱里探出身来,极其艰难地登上竹梯,然后踏上那条连接船舷和河岸的宽不足尺的木板,像一个杂技演员一样,险象环生地缓缓前移。父亲的驼背几乎屈成了直角,上半身完全裸露在阳光下,黝黑的皮肤随着扁担的颤动在脊骨两侧左右牵扯。而那根扁担对父亲来说根本不能算挑,而是背,因为它不在肩上,而是横跨在父亲的背部。有人在背后急吼吼地喊:"罗锅子,快点儿,你挡着我的道了!"如此悲壮的一幕烙铁一样烧痛了我的眼睛。我认识到自己对父亲的无礼是多么可耻。一年后,我这个"强化班"里的第一名在一片惋惜与不解中考进了中师。我只想早一点工作以解脱父亲的负担。在师范里,我一边自学大专课程,一边做家教。每每想起父亲的驼背,我就有流泪的冲动。好在父亲并没有记恨我的意思,我打算在适当的时候向他道个歉,父亲一定会原谅我。

一晃就毕业了。人大了，脸皮反而薄起来。在无数欲说还休的忸怩中，我被分到离家一百多里的一所中学教书去了。临行时，我有些内疚地对父亲说："有空到我学校去走动走动。"父亲竟表现出旧伤复发似的惊恐，连连摇头："不去，不去，太远咧……"听得我心里酸酸的直打冷战。

开学半个月了，我忙得仍然没有头绪。教两个班的语文兼班主任，又要负责学校广播站的工作，每天夜里非11点不能就寝。一天晚上，我刚拧亮宿舍的台灯写第四周的工作计划，有人敲我的窗子。透过玻璃，我看见父亲站在窗下。我在打开门锁的刹那，父亲机警地扫视了一下身后，然后闪身进屋并关紧了门。我一边点煤炉弄饭给他吃，一边整理床铺给父亲睡觉，还用书给自己做了一个临时的枕头。父亲拉住我的手，说，别忙活，我来看看你，要是挺好，我就放心了，这就走……我几乎有些哽咽，一句话也说不出来，只定定地看着父亲。父亲的头发全白了，他的背更驼了，使他怀里空间更为狭窄。但就是这样的狭窄的胸怀，却能包容儿子的所有任性无知。我说，爹，实在要走，明天再走。父亲说，明天走，人多嘴杂的，不好……父亲终于固执地消失在夜色中。他高高隆起的后背像一只容器，倒给我的是朴实的父爱，盛回去的却是令人心痛的误解。

而现在，父亲竟突然去了，来不及接受我最惨痛的表达。坐在返乡的汽车里，我的心被一阵又一阵的痛猛烈冲击着……

与你共品
yu ni gong pin

这是一篇歌颂父亲的文章，也是一篇儿子忏悔的文章。由于积劳成疾的父亲突然去世，儿子永远地失去了忏悔的机会，将终身痛苦与遗憾。父亲是一个尽职尽责的父亲，是一个既当爹又当妈的父亲，他以一个残疾之身的全部能量来供养儿子读书。面对父亲去世的灵耗，想起父亲为了儿子的成长所走过的那些风雨岁月，作者更多地表达了自己的负疚之情，年少时的无知将成为儿子一生的苦痛，因为再也没有机会当面向父亲认错了。

站在历史的枝头微笑

个性独悟
ge xing du wu

★第一段中的"父亲"和"我"为什么要使用引号？怎样理解"上面赫然写着父亲病故的噩耗"？第二段"我听见悲痛在脑门前炸响的霹雳"，怎样理解"听见"悲痛？

★第五段中为什么将"父亲的背越来越驼，我的成绩也越来越好"并提，这是一种怎样的关系？父亲看"我"，为什么"犹如审视一轮尚未打磨完工的石磨"？

★第六段中"我以优异的成绩从村小的复式班考入县中"，为什么会"在乡亲们中轰动一时"？"父亲在乡亲们的预言中透支着遥远的幸福"中的"预言"会是什么，"幸福"又会是什么？

★第九段中为什么会觉得"父亲是那么卑微、丑陋和猥琐"？是什么原因使"我"猜测"同学们的目光里充满鄙夷和不屑"？

★为什么说第十八段中父亲挑担是"如此悲壮的一幕"？怎样理解"我认识到自己对父亲的无礼是多么可耻"？

★在第二十段中"我"听了父亲的话为什么会"几乎有些哽咽"？父亲的伟大之处是什么？（用文中的原话回答）

快乐阅读
kuai le yue du

不该关上的门 / ··· 王晓晴

有一张嘴和一颗心，它们同属于一个人，这就意味着，它们得合作一辈子。起初，它们配合得很默契，心想到了，嘴就表示出来。比如说吧，心觉得肚子饿得慌，嘴便哇哇啼哭着向妈妈讨奶吃；胳膊让小虫叮了一下，又疼又痒，心一烦躁，嘴又连忙咧开，向外界求援。这都发生在那个人的婴儿时期，心和嘴的任务十分简单明了,所以,它们干得挺不错。

后来,那个婴儿一天天长大了,心里装的事情也渐渐多起来。嘴呢,自然也长了不少本领,它在舌头上储存了越来越多逗人开心和招人疼爱的词汇,因此,获得了"甜甜的小嘴"的荣誉称号。心只须让嘴知道自己正在想什么,嘴就能很动人地表达出来。因此,人们不仅知道这个小男孩有张甜蜜灵巧的小嘴,同时也看到了他那颗纯洁机敏的心。这正是心和嘴合作生涯中最完美的阶段了。

日子过得真快,谁都这么说。小男孩已经 5 岁了,他的心能想很多很多复杂的问题,人人都夸他聪明伶俐。有一天,小男孩蹬着把椅子,站得和那只书柜一般高。书柜上摆了尊维纳斯石膏像,两只胳膊断了,而且没穿衣服,只在腰上围了块很大很长的布。小男孩一直觉得她很神秘,模样有点儿怪。他琢磨好久后,问过妈妈一次,她不穿衣服是不是因为没有胳膊的缘故。妈妈用食指在他的鼻子尖上刮了一下,笑着轰他到外面去玩,还说小孩子别操那么多心。小男孩心里的谜没有解开,所以今天他才爬上椅子,自己来看个究竟。他用手摸了摸石膏像,觉得又硬又凉,心想这个女人是绝对不能和妈妈相比的,妈妈搂抱自己的时候,她的怀里总是那么暖暖的、香香的。小男孩不想待下去了,但当他蹲下身,准备离开椅子时,他的手还握着石膏像没有松开。结果可想而知,原来只断了胳膊的女神,这次干脆成了碎片。小男孩吓傻了,他的心突突突突上下乱撞。妈妈奔过来,心催着嘴赶快认错,可还没等嘴张开,妈妈的巴掌已经落到了小男孩的屁股上。心没有丝毫准备,它刚感到委屈,嘴就哇哇地哭起来。妈妈不依不饶地又打了几下,满脸怒容地骂:"还淘气吗?你这个不懂事的坏孩子!"妈妈转身回厨房拿簸箕时,小男孩呆呆地望着地上的石膏像的碎片,他不明白妈妈怎么会发这么大的火。心难过极了,它最清楚小男孩并不是有意这样做的。心想让嘴再向妈妈解释解释;但它犹豫了一下,它对妈妈的行为很失望。嘴一声没吭,用牙齿咬住嘴唇,不让心里的话冲出来,直到把嘴唇咬得比挨打的屁股还疼。

从那以后,心对妈妈有了戒意,它认为大人们似乎并不想了解孩子的想法。原来,心总是把心房的大门敞开着,现在却掩上了一半,躲在后面谨慎地注意外面的世界。嘴也没有了以往的甜蜜,有些涌到舌尖上的话,却因接到心的命令,又使劲咽进肚子里。

最初,大人们还有点儿奇怪,这孩子甜甜的小嘴怎么一下子沉默寡言了呢?后来呢,他们的事情太多、太杂、太忙,谁也没心思再理会甜甜的小嘴的变化了,当然更顾不上去倾听那颗心跳动的声音。爸爸妈妈在外面工作得十分努力,钱也挣得不少。他们很舍得把钱扔到柜台上,给小男孩买回许多许多吃的和玩的东西,他们想他一定会高兴。但是小男孩却越来越不喜欢爸爸妈妈这样做,他们老是把买来的礼物往自己眼前一堆,扭身又忙去了。而小男孩渴望能和爸爸妈妈聊聊,他的心和嘴都想得到这样的机会,他正在长大,他的心里装的已经不再全部是快乐。

忽然有一天,当爸爸妈妈惊喜地看到小宝贝长成了一个英俊的年轻人时,他们自己却老了,回到家中过起了平静悠闲的退休生活。他们自然而然地首先想起了那个有一张甜甜小嘴的可爱男孩,他的心多么天真纯洁。

老夫妻激动万分地追踪着逝而不返的时光,但他们却发现自己并不太清楚那孩子到底是怎么长大的。想到他的时候,眼前就涌过一层薄雾,男孩子在其中忽快忽慢地奔跑,而他们始终抓不住他。当年老的父母无可奈何地默然相对时,他们的眼睛里情不自禁地噙满了愧疚的泪水。

第二天一大早,老两口就去敲儿子的房门。门开了,他们迫不及待地说:"孩子,你愿意和我们一块聊聊吗?"儿子惊诧地望着父母:"你们怎么啦?我得去上班,事情忙得不可开交呢!"儿子走了,和他们过去一样脚步匆匆。

长大了的儿子走在路上,他的心在捕捉一种陌生的感情。不知在被拒绝了多少次之后,这颗心已经不习惯向爸爸妈妈开放,嘴也时时紧紧绷着,偶然张开,也常常言不由衷。心对期待早已厌倦,它更喜欢关起门来,让自己去咀嚼酸、甜、苦、辣,直到痛苦地抽搐。今天早上,两位老人终于充满悔悟地来敲儿子的房门,但若想敲开心的大门就不那么简单了。心情绪激动地问嘴:"你想对他们说一声'我原谅你们'吗?"牙齿咬着嘴唇不吭声,这情景很像遥远的昨天,那个好奇的小男孩面对石膏像碎片的时刻。

两位老夫妻又会怎么想呢? 你们曾经让你们的儿子等待得太久太久……心的门终究会打开的,因为那张嘴始终充满感情地把你们唤做爸爸、妈妈。

与你共品
yu ni gong pin

> 听说海洋可以了解江河,江河可以了解小溪,大的东西能理解小的东西,理解是一种包含。听说如果父母不再能了解子女是因为子女

已经流出了父母的边境。真是这样吗?《不该关上的门》告诉我们:不是的。理解需要包含,但更需要沟通。作者在文章的最后作出了深情的呼唤,呼唤天下的父母不要让孩子的心灵之门关上,如果已经关上,请把它打开,不要让孩子等待太久,孩子是爱他们的父母的。岁月不应冲淡亲人的情感,心灵之门应是敞开的,不应被紧锁着。

个性独悟
ge xing du wu

★为什么小男孩在挨妈妈打后,"嘴也没有了以往的甜蜜,有些涌到舌尖上的话,却因接到心的命令,又使劲咽进肚子里"?"心的命令"是什么?

★文中说:"他正在长大,他的心里装的已经不再全部是快乐。"你认为小男孩的心里装的除了快乐之外,还有什么?

★如何理解"想到他的时候,眼前就涌过一层薄雾,男孩子在其中忽快忽慢地奔跑"这句话?

★作者在文章的结尾处再次提到小男孩面对石膏像碎片的时刻,有何用意?这样写有什么好处?

作文链接
zuo wen lian jie

遥远的呼唤/···王 博

往日里灿烂夺目的灯火夜景,如今看来却是那么的刺目。星星隐匿了身影,只有弯弯的新月,孤独地挂在天上。白晃晃的月光照在床上,给人一种无比凄苦的感觉。我躺在床上,笃定地注视着天花板;渐渐地视线模糊了,我合上了双眼……

此时此刻,我仿佛走进了另一个世界,只身一人漫步在大街上。头顶上的太阳,丢弃了自己"天之骄子"的风度,躲到了云彩后面,只露出半张脸,神色黯然地俯视着大地。我信步走向大街的尽头……

渐渐地人多了起来,声响也大了起来。当我走到街的尽头,我看到了,我明白了!这里是美国——那个"人权至上"的国度!我真的不敢相信,但那庄严的白宫却赫然立于眼前,我又怎能不信?人越来越多,声响也越来越大。"NO,WAR.IRAQ!"人们口中不断地重复着同样的一句话。震耳的呐喊声使我的耳朵一阵阵地轰鸣,连头部也剧烈地膨胀起来。我紧闭双目,以求得片刻的宁静……

声音立即消失了, 消失得无影无踪。我慢慢睁开双眼被眼前的景象惊呆了——

眼前黄沙漫天。骄阳毫不吝啬地用惨烈的阳光、炽热的烘烤亵渎着人类的身心。我在黄沙中举步维艰地走着,没有路,没有终点。无奈之余我登上一个小小的沙丘,极目远眺……

看到了,终于看到了!那一片渴望已久的绿洲和绿洲上宁静的村庄。我一阵风似的跑进村子,然而村子里只有残垣断壁,四周一片狼藉。空气中弥漫着刺鼻的火药味,浓浓的硝烟灼蚀着我的双眼。咦!在战争留下的残骸中,我竟然意外地发现了一块奇特的布。那不是一块普通的布,它是伊拉克的国旗!这里是伊拉克——一个曾经饱经战乱的国家。望着眼前的景象,我的心在颤抖。苦痛之中,我的后背突然奇痛刺骨,一阵眩晕之后,灵魂便眼睁睁地看着我的肉体倒在了血泊之中……

我的灵魂飘进了一个陌生的世界,周身被无边无际的阴郁所包围。黑暗中,一个手捧和平鸽的女孩缓缓走来,她天真的双眸、企盼的眼神仿佛要向我诉说什么。然而,还没等她开口,一个手持镰刀、目光凶残的家伙就突然闪现在她的身后。死神!女孩似乎早有预感,她微笑着抬起头,猛地放飞手中的白鸽。霎时,黑暗被光明所取代。

……

我睁开疲惫的睡眼,环视左右,四下里一片宁静、和平,原来是一场梦!一场难以名状的梦。我抬起头凝望着月亮,觉得它今晚真的好美。

【简 评】
jian ping

　　和平与发展是当今世界的两大主题,没有和平就没有发展。面对世界局部地区频繁的战火,越发激起人们对和平的渴望。本文小作者以丰富的想像、沉重的笔触在梦中跨越时间和空间,为读者讲述了一个"光怪陆离"的故事,情节跌宕,寓意深刻。文章首尾对月色的描写意味深长,发人深省。

麦当劳现象引出的思考／···佚 名

　　大家都听说过麦当劳吧?想必还是它的常客呢。的确,麦当劳的魅力无法抵挡,尤其是对年轻顾客。它贩卖的不是生鲜的鱼肉蔬菜,而是可乐、汉堡、鸡腿、薯条……对忙碌的上班族来说,能快速买到这些食品,既可以美餐一顿,又可以赶上紧张的生活步调;对孩子们而言,点上一份儿童套餐,既有的吃,又有的玩,这可是他们的最爱。

　　红遍世界的麦当劳快餐厅在我国的发展规模越来越大,客流量越来越多,可算是饮食界的新秀。

　　但是我们是否想过,在这种流水线式的饮食风靡世界的背后,又将预示着什么样的文化趋向呢?

　　为什么西餐厅在中国会越来越走红?为什么越来越多的中国人用刀叉代替了筷子?又为什么更多的年轻人喜欢咖啡、奶昔、圣代,却对传统的茶文化毫无兴趣?

　　我们怎能如此轻易地放弃中国的饮食习俗呢?没有哪个民族能像中国的祖先那样在自己的饮食生活中倾注了如此多的心思,拥有如此辉煌的创造。每个地方都有最独特的小吃,每个人都在吃,都很有讲究,都有很深刻的理解。

站在历史的枝头微笑

　　然而,我们现代人都向往着外国的餐饮。虽然已加入世贸,应多与外国文化交流,但是我们也应该发扬和创造中国的传统饮食,把具有中国特色、独特风味的料理推向世界。所以当你在麦当劳大口大口啃着汉堡的时候,别忘了我们应尽的责任。

　　麦当劳之所以吸引人,是因为它以快餐的形式推出,还有不可否认的喷香的汉堡、香酥的鸡翅和爽口的圣代,实在令人垂涎欲滴。即使这并不是低消费,也会令人不惜"再次光临"。

　　但当你一次又一次地光顾后,可能要为你的健康有所顾虑了。首先,我们是一向不提倡快餐的,细嚼慢咽才有利于健康。其次汉堡、鸡腿、薯条的油腻实在会对身体造成负担。再次,我们要考虑的是花费,因为这毕竟是高消费。

　　那么,何不自己在家自食其力呢?煮菜是件十分有趣的事,几片肉,几根大葱,经过一番"加油添醋",魔术般变出一个菜来,这不也是一种艺术吗?冰箱里时常存放些食物,饿了,馋了,充分施展你的想像力,即使炒焦了,煮咸了,也是世界上最美味的大餐。不是吗?如果你拥有兰心慧质,那么每一餐都是一种艺术般的享受。

　　没有任何一件事,比吃更值得我们去认真对待。"夫礼之初,始诸饮食""民以食为天"。所以,请忙碌的上班族们好好善待你们的胃,抽空自己下厨每一餐。

　　至于麦当劳……偶尔陪孩子去吃吃也无妨。

【简评】 jian ping

　　当越来越多的中国人用刀叉代替了筷子,当更多的年轻人喜欢咖啡、牛奶、圣代而不是茶,当许多人一次又一次地光临麦当劳进行高消费,却对中国的传统饮食文化毫无兴趣,这背后其实反映着一种深刻的问题,我们在吸收外来文化精髓的同时,该怎样对待我们的传统文化?该怎样让我们历史悠久的文化精华得以发扬光大?本文写的麦当劳现象只是其中的一种现象,类似的情况还很多。小作者从自己最熟悉的生活实际出发,看到了别人看不到的东西,也想到了别人想不到的内涵,体现了小作者善于发现问题并研究问题的可贵品质。同时可见小作者深厚的写作功底。

追寻先生童年的足迹／···   缪 劼

杭州湾南岸,在美丽富饶的江南水乡,有一个古老的城市——绍兴。城外,青葱苍翠的会稽山脉蜿蜒起伏;远处,汹涌澎湃的钱塘江潮惊涛拍岸,宽广的绍兴平原上,纵横交错的河汊在阳光下泛着银波。城里,除了粉墙青瓦的高楼大院, 还有许多破旧的民房鳞次栉比地错杂其间, 这里就是我国伟大的革命家、思想家和文学家——鲁迅的故乡。

去年夏天,我参加了"江海晚报·南通小记者"夏令营活动,有幸去绍兴一游,得以追寻鲁迅先生童年的足迹。

我们首先瞻仰了鲁迅故居,这是一座青瓦白墙、坐北朝南的六进大宅院。它建于清乾嘉年间,距今已有二百余年。周家世代居住于此。1881 年农历八月初三,鲁迅就出生在这所宅院的一间百年老屋内。在这里,鲁迅生活了十八个春秋,他从日本留学回来,在绍兴任教期间,也居住于此。这里虽然曾经被卖给朱文公的子孙居住,但直到现在还是保持了鲁迅童年时的原样:临街的两扇黑漆石库门,天井里高大的桂树,厨房里的三眼大灶,连小堂前的方桌、太师椅、条案、茶几也都摆放在原来的位置。鲁迅孩提时代常常在这儿看书、习字、画画,他的《诗中画》就是在这儿完成的。

穿过一条不算太长的走廊, 就来到桂花明堂。桂花明堂有五间屋子那么长,左右各有一棵枝繁叶茂的金桂。靠着南墙,是三条连在一起的石凳,上面居中放着一盆万年青,按迷信的说法,是可以避火烛的。两边有石池,石池与墙之间,有一段很窄的地方,长着凤尾草、蝴蝶花之类的花草。桂花堂大部分铺着石板。夏夜,鲁迅总爱躺在桂树下的小饭桌上,听祖母给他讲"水漫金山"、"嫦娥奔月"、"大禹治水"、"西施浣纱"的故事。其中,《猫是老鼠的师傅》给鲁迅的印象尤为深刻,以至于过了二十年,在先生写的《猫·鼠·狗》这篇回忆性散文里,对当时的情景还有生动的描写,并且说:"我在童年,总觉得它(猫)有点儿妖气,没什么好感。"

庭院的后面便是著名的"百草园"了。先生在《从百草园到三味书屋》中,生花妙笔道尽了园中的斑斓色彩、盎然情趣。百草园,其实只是约有两三亩地的菜园。园子的西北角,还有一个方形的小园。那里有个清水坑,是青蛙游泳的地方。过去,等石蒜花一盛开,小孩子们就争先跑到这冷清的地方来,幼年的鲁迅当然也不例外。放眼望去,园子里杂草丛生,开出来的地里,种着油菜、蚕豆、萝卜、黄瓜……随着季节的转换,野草和各种瓜菜都在竞长。我俯身侧观,到处都是深深浅浅的绿,导游告诉我们,那狗尾似的蛐蛐草,是用来逗蟋蟀的;那可以治病的车前草被称作"官司草",用它的茎对折互拉,可以比赛输赢;那蒲公英一团团的白绒毛随风飘舞,使我的心儿也跟着飞起来。此外,那秋蝉的长吟,云雀的欢叫,游蛉的低唱,蟋蟀的弹琴,都曾使鲁迅神往,他常常坐在光滑的石井栏边,倾听、揣测,然后去寻找……鲁迅对大自然的热爱可以说就是从这里起步的。难怪先生能将园里的昆虫、花草描写得惟妙惟肖。

从鲁迅故居出门东行百余步,过小石桥,有一扇朝北的黑油竹门,里面便是三味书屋了。书屋中央高悬着一块写有"三味书屋"的匾。在匾的上方,有一幅巨大的松鹿图,两旁的对联是:"至乐无声唯孝悌,太羹有味是诗书。"这里画的"鹿"是"福禄寿"中"禄"的谐音,这画和对联当然是鼓励读书人好好读书,以便将来去追求功名利禄。窗前壁下,放置七八张桌椅,形状各异、参差不齐。鲁迅的书桌在书屋东北角,遗憾的是,上面的"早"字被管理人员保护起来,我们谁也没能一饱眼福。那三味书屋的"三味"又指哪三味呢?原来,这个典故出自宋代李淑君写的《邯郸书目》:"诗书,味之太羹,史为折俎,子为醯醢,是为书三味。"这是说,前人把经、史、子三类比作三种不同方法烹调的肉食,"三味",就是劝人们读书要一而再再而三地多咀嚼、多寻思。当然,这些典故和道理,鲁迅当时都是不知道的。

参观鲁迅故居,宛若接受了一次无形的文化熏陶,经历了一次人文主义的灵光洗礼,令人久久难忘。

【简评】
jian - ping

寄情山水不失为一种情怀,在"行万里路"中增长知识、培养情操更是一种至高的境界。作者重拾旧迹的四季皆景的百草园和书桌上刻着"早"字的三味书屋,以充满人文主义精神的笔触对鲁迅故居中的一草一木、一景一树进行了全方位的描摹,读后仿佛亲临了一次绍兴,接受了一次无形的文化熏陶,不难看出作者笔力的深厚,值得借鉴。